Brigitte Aulenbacher / Meinrad Ziegler (Hg.)

In Wahrheit...

Herstellung, Nutzen und Gebrauch von Wahrheit
in Wissenschaft und Alltag

HerausgeberInnen:
Waltraud Kannonier-Finster, Horst Schreiber,
Meinrad Ziegler

Die Buchreihe *transblick* veröffentlicht Arbeiten, die der sozialwissenschaftlichen Aufklärung verpflichtet sind.

Ein Blick richtet sich auf Phänomene und Verhältnisse, die wenig beachtet oder im Dunkeln gehalten werden.

Ein anderer Blick bietet Beschreibungen und Analysen, die eine unkonventionelle Sichtweise auf das soziale Leben eröffnen.

transblick thematisiert gesellschaftliche Widerspruchserfahrungen und Dominanzverhältnisse und fragt, was wir als vernünftig, gerecht und der menschlichen Würde angemessen erachten.

transblick will Denkprozesse fördern und auf Handlungsperspektiven verweisen. Die Bücher sollen in Inhalt und Form aufregen und einem Transfer sozialwissenschaftlicher Sichtweisen in interessierte Öffentlichkeiten dienen.

transblick benutzt eine Sprache, die auch jenen Personen und Gruppen das Mitdenken und Mitreden ermöglicht, die außerhalb des akademischen Diskurses leben und handeln.

transblick soll Frauen und Männer ansprechen, die sowohl dem „Darüberhinaus"-Schauen als auch dem „Hindurch"- oder „Querdurch"-Denken etwas abgewinnen können.

www.gaismair-gesellschaft.at

Brigitte Aulenbacher / Meinrad Ziegler (Hg.)

In Wahrheit...

Herstellung, Nutzen und Gebrauch von Wahrheit in Wissenschaft und Alltag

StudienVerlag
Innsbruck
Wien
Bozen

© 2010 by Studienverlag Ges.m.b.H., Erlerstraße 10, A-6020 Innsbruck
E-Mail: order@studienverlag.at, Internet: www. studienverlag.at

Gedruckt mit Unterstützung von:

Umschlag, Layout, Satz: Willi Winkler, www.neusehland.at
Umschlagbild: Fotomontage unter Verwendung des Gemäldes „Birne mit Insekten" von Justus Juncker (1765)
Gedruckt auf umweltfreundlichem, chlor- und säurefrei gebleichtem Papier.

Bibliografische Information Der Deutschen Bibliothek
Die Deutsche Bibliothek verzeichnet diese Publikation in der Deutschen Nationalbibliografie;
detaillierte bibliografische Daten sind im Internet über <http://dnb.ddb.de> abrufbar.

ISBN 978-3-7065-4837-3

Alle Rechte vorbehalten. Kein Teil des Werkes darf in irgendeiner Form (Druck, Fotokopie, Mikrofilm oder in einem anderen Verfahren) ohne schriftliche Genehmigung des Verlages reproduziert oder unter Verwendung elektronischer Systeme verarbeitet, vervielfältigt oder verbreitet werden.

Inhaltsverzeichnis

Vorwort des Bürgermeisters der Stadt Linz   7
Vorwort des Rektors der Johannes Kepler Universität Linz   9

Brigitte Aulenbacher / Meinrad Ziegler
Einleitung   11

Nach Wahrheit streben?   17

Volker Gadenne
Sucht die Wissenschaft nach der Wahrheit?   19

Meinrad Ziegler
Wahrheit, Sprache, Rhetorik.
Der schwierige Anspruch auf wahres Wissen in den Sozialwissenschaften   33

Regina Becker-Schmidt / Dietmar Becker
Rätsel über Rätsel – in Kunst und Wissenschaft   49

Wahrhaft gebildet?   61

*Brigitte Aulenbacher / Lena Berenberg-Goßler / Johannes Duschl /
Laura Kepplinger / Hartwig Skala*
Wahre Bildung oder Bildung als Ware?
Fragen aus Erfahrungen – StudentInnen und SchülerInnen im Gespräch   63

Johann Bacher
PISA – Zulässige und unzulässige Schlussfolgerungen   77

Auf welche Wahrheiten vertrauen? 95

Andrea Tippe
Wahrheit, Vertrauen, Herrschaft.
Vertrauen als sozialer Prozess in Alltag und Organisation 97

Sabine Hark
Wie viele Geschlechter gibt es in Wahrheit? 113

Christian Fleck
Wie statistische und andere Zahlen unser Vertrauen gewinnen
und enttäuschen 129

Nachwort
Ulrich Fuchs / Silvia Keller
Linz09 und der KEPLER SALON – Rückblick und Ausblick 147

Die AutorInnen und HerausgeberInnen 157

Nachlese zum Thema Wahrheit

Eines der erfolgreichsten Formate des Kulturhauptstadtjahres Linz09 war der Kepler Salon. Das Linzer Wohnhaus von Johannes Kepler an der Rathausgasse wurde zum Treffpunkt für die spannende Begegnung mit wissenschaftlichen Themen. Die verständliche Vermittlung von Erkenntnissen aus Fachgebieten wie Natur und Technik, Medizin, Geistes-, Kultur- und Kunstwissenschaften faszinierte tausende BesucherInnen. Aus dem Kulturhauptstadtprojekt ist ein permanentes Forum für die Öffnung der Wissenschaften und den Dialog mit allen Interessierten geworden. Die Stadt Linz unterstützt daher weiterhin diese interessante Initiative, die das Bekenntnis der Stadt Linz zu Weltoffenheit und Zukunftsorientierung unterstreicht.

Mit dem Sammelband „In Wahrheit …" liegt nun eine Nachlese zu einem der Themenschwerpunkte des Kepler Salons im Jahr 2009 vor. Im Buch wird der Wahrheitsbegriff in Wissenschaft und Gesellschaft aus verschiedensten Perspektiven beleuchtet. Dabei spannt sich der Bogen von den Sozialwissenschaften bis zur Kunstkritik.

Möge „In Wahrheit…" zahlreiche interessierte LeserInnen finden und zu kritischer Reflexion anregen. Ich hoffe, dass diesem Sammelband noch viele weitere Themenbände über Vorträge des Kepler Salons folgen.

Franz Dobusch
Bürgermeister der Landeshauptstadt Linz

Von dem, was man heute an den Universitäten denkt, hängt ab, was morgen auf den Plätzen und Straßen gelebt wird.

Ortega y Gasset

Wissenschaft und Öffentlichkeit

Eine der zentralen Aufgaben einer Universität – neben den traditionellen Kernbereichen Forschung und Lehre – ist der Transfer von Wissen und der erarbeiteten Forschungsergebnisse. Nicht nur die Studierenden sollen im Rahmen der Lehre den Zugang zum Wissen erhalten, sondern auch die Öffentlichkeit soll am Wissen und an den Erkenntnissen der Forscherinnen und Forscher partizipieren. Die Diskussion neuer Ansätze mit einer breiten Öffentlichkeit führt vielfach zu neuen Ergebnissen und Erkenntnissen, die einen wichtigen Beitrag zur gesellschaftlichen Weiterentwicklung leisten. Somit gehört auch das Bemühen, einen Beitrag zur positiven Weiterentwicklung der Gesellschaft zu leisten, zu den zentralen Aufgaben von Universitäten.

Dieser Verantwortung sind im Rahmen von Linz09 Forscherinnen und Forscher der Johannes Kepler Universität Linz nachgekommen. Die Ergebnisse der von ihnen gestalteten Vortragsreihe *„In Wahrheit … Herstellung, Nutzen und Gebrauch von Wahrheit in Wissenschaft und Alltag"*, die im Jahr 2009 im Kepler Salon stattfand, liegen nun in Buchform vor und werden dadurch einer noch breiteren Öffentlichkeit zugänglich gemacht. Auf diese Weise soll die begonnene Diskussion weitergeführt werden.

Im Namen der Johannes Kepler Universität Linz wünsche ich allen Leserinnen und Lesern spannende Momente, befruchtende Diskussionen und viele neue Erkenntnisse.

Ihr
Richard Hagelauer
Rektor der Johannes Kepler Universität Linz

Brigitte Aulenbacher / Meinrad Ziegler

Einleitung

Wenn wir einen Blick auf den Umgang mit Wahrheit richten, zeigt sich, dass unsere modernen Gesellschaften ein gespaltenes Verhältnis zu ihr haben. Einerseits ist sie als traditioneller Wert anerkannt, dessen prinzipielle Bedeutung unumstritten ist. Andererseits wird Wahrhaftigkeit ebenso wie Lüge als situativ zu beurteilendes Verhalten betrachtet, das den jeweils zu erreichenden Zielen unterzuordnen sei.

Ein gutes Beispiel für diese Uneindeutigkeit zum Thema Wahrheit finden wir im Lifestyle-Magazin „oberösterreichblicke" (Feber 2009). Unter dem Titel „Mut zur Wahrheit" wird ein Plädoyer für die Wahrheit angekündigt, an dem vorerst einmal zwei Wissenskolumnen auffallen: in der einen werden „die großen zehn (Lügen) ... in Beruf, Liebe und überhaupt" zusammengefasst und in der anderen werden unter der Überschrift „wenn schon, denn schon" einige Hilfestellungen zur Kunst des Lügens gegeben. Im Text wird dann unter dem Stichwort, warum wir denn lügen, aufgeklärt: „Nicht jede Lüge hat es faustdick hinter den Ohren. [...] Wir versuchen, Kränkungen zu vermeiden und das Miteinander ein wenig einfacher zu gestalten. Auch Lobhudeleien und das Verteilen übertriebener Komplimente – vor allem gegenüber Höhergestellten und Kunden. Schließlich wollen wir etwas werden, und das mit Vehemenz." Und: „Ob Spiel, Arbeit oder Liebe – so ganz ohne Schwindeleien und Täuschungen geht es nicht. Denn obwohl wir die Wahrheit als höchstes Gut ansehen, sind Lügen manchmal die beste Wahl." Bildlich gesprochen: Wir sind nicht bereit, den Wert der Wahrheit vom Sockel zu stoßen, lassen das verehrte Denkmal aber verkümmern und vermodern.

Wahrheit ist uns wichtig, aber oft wissen wir nicht warum. Deshalb entgleitet sie uns als Orientierung für konkretes Handeln. Das ist im Grunde nicht erstaunlich. Wir leben andauernd mit einer Flut von Informationen, von denen wir wissen, dass es falsche Darstellungen, geschickt gemachte Täuschungen oder schlichte Lügen sind. Der Zweck dieser Botschaften ist oftmals, andere damit zu manipulieren. Ein entsprechender Umgang mit Wahrheit ist also keineswegs nur eine Frage der Moral.

Im Englischen gibt es einen Begriff für diese Art von Informationen, bei denen es sich nicht um reine Fiktion handelt, sondern eher um sinnloses Wissen, um Plastikwörter, die den Eindruck erwecken, als hätten sie Bedeutung und es stecke etwas Seriöses hinter ihrer Fassade: *bullshit*. Der amerikanische Philosoph Harry Frankfurt hat darüber in den 1980er Jahren einen Essay geschrieben, der 2005 als Buch erschien und es zum Bestseller in der Sparte der philosophischen Sachbücher gebracht hat. Der Text argumentiert leidenschaftlich gegen jene Repräsentanten der Postmoderne, die von der Unmöglichkeit ausgehen, die äußere Welt richtig wahrzunehmen; die alle unsere Beschreibungen der Realität als freie Interpretationen betrachten, zu denen uns die Kriterien fehlen, um sie als richtig oder falsch zu beurteilen. Frankfurt meint, die Verbreitung von *bullshit* sei gefährlicher als die Verbreitung von Lügen. Eine Lüge verletzt die Wahrheit und ihr ist die Unterscheidung zwischen Wahrheit und Unwahrheit bekannt. Das sinnlose Wissen, das Sinn vorgeben soll, ist jedoch gegenüber Wahrheit vollständig indifferent. Unter dem Eindruck von *bullshit* verliert Wahrheit an Bedeutung und Wert.

Zwei Jahre später hat Frankfurt (2007) ein Buch zum Thema „Wahrheit" geschrieben. Mit dieser Arbeit möchte er klar machen, dass das Streben nach Wahrheit eine praktische Bedeutung hat und ein wichtiges Unternehmen darstellt. Wir teilen nicht alle Argumente in diesem Buch, aber eines davon greifen wir auf: Ein Konzept von Wahrheit zu haben, bedeutet letztlich anzuerkennen, dass wir als eigenständige Wesen in einer Welt existieren, die unserem Tun und Wollen einen Widerstand entgegensetzt. „In dem Maße wie wir genauer lernen, auf welche Weise wir begrenzt sind und welche Grenzen unsere Begrenzung hat, gelangen wir dahin, unsere Grenzen abzustecken und so unsere eigene Gestalt zu erkennen. Wir lernen, was wir tun können und was wir nicht tun können und was für Anstrengungen wir unternehmen müssen, um das zu erreichen, was uns tatsächlich möglich ist" (ebd.: 93). Wahrheit ist demnach ein nützliches Konzept, weil es den Sinn für Realität stärkt.

Die Wissenschaft ist jene gesellschaftliche Institution, die traditionell für Wahrheiten im Sinn von gesicherten Erkenntnissen als zuständig betrachtet wird. Sie gilt als spezifischer Ort der Rationalität und arbeitet mit systematischen Methoden, die Objektivität zu garantieren scheinen. Wissenschaftliches Wissen ist allerdings – so die Wissenschafts- und Technikforscherin Donna Haraway (1996) – in seiner Herausbildung von den subjektiven Orientierungen der Forschenden nicht zu lösen, und es erweist sich als stets situiert in dem Sinne, dass auch seine Methodik zutiefst gesellschaftlich geprägt ist. Dennoch beansprucht das wissenschaftlich gewonnene Wissen eine Überlegenheit gegenüber dem Erfahrungswissen. Die tatsächliche Vorrangstellung des wissenschaftlichen Wissens gegenüber anderen Wissensformen unterliegt allerdings historischem Wandel.

So zeigt die Sozialhistorikerin und Soziologin Tilla Siegel (1993), wie zu Beginn des zwanzigsten Jahrhunderts zusammen mit dem Rationalisierungsgedanken, also mit der Überzeugung, alles im Leben und in den zwischenmenschlichen Beziehungen ließe sich rational und rationell gestalten, auch das Expertenwissen in neuem Ausmaß als wegweisende Anleitung zum richtigen Handeln beschworen wurde. Der „wissenschaftlichen Betriebsführung" (nach Taylor) beispielsweise sind Vorstellungen eines objektiven, weil methodisch kontrollierten Verfahrens der Leistungsbemessung entwachsen, die in Form des „gerechten Lohns" über lange Zeit die gewerkschaftlichen Lohnauseinandersetzungen beeinflusst haben (vgl. Siegel 1995). Das bedeutet nicht, dass nicht auch andere Orientierungen des Handelns, zum Beispiel aus Erfahrung gespeiste Überzeugungen dazu, was richtig ist, wirksam gewesen wären.

Für die heutige Zeit diagnostiziert Anthony Giddens (1996) eine neue Form des „Expertenstreits". Er werde in vielfältiger Weise als öffentliche, in der Regel medial inszenierte Auseinandersetzung der wissenschaftlichen ExpertInnen miteinander oder mit der Öffentlichkeit beziehungsweise mit RepräsentantInnen verschiedener gesellschaftlicher Bereiche wie Politik, Wirtschaft etc. betrieben. In diesem Streit werde einerseits die Gültigkeit des Expertenwissens angezweifelt. Andererseits nehme es aber auch Impulse aus dem öffentlichen Diskurs auf und trage ihnen in seiner wissenschaftlichen Weiterentwicklung Rechnung – so, um eines seiner Beispiele aufzunehmen, wenn Genomanalysen nicht mehr betrieben werden können, ohne angesichts des wie auch immer artikulierten gesellschaftlichen Unbehagens ethische Fragen mitzuverfolgen. Für Anthony Giddens bedeutet dies nicht, dass wir es mit einem Bedeutungsverlust des Expertenwissens zu tun haben, im Gegenteil: Aus seiner Sicht ist das Expertenwissen mit seiner Verbreitung zu einem selbstverständlichen, damit auch weitgehend unhinterfragten Bestandteil unseres Alltagslebens geworden. Seine vermeintlich gesicherten Erkenntnisse sind aber dennoch und grundlegend anzweifelbar und werden im Einzelfall auch angezweifelt.

Vor diesem Hintergrund ist Wahrheit ein in zweifacher Weise interessantes und brisantes Thema. *Erstens* ist ein Sinn für Wahrheit eine Voraussetzung dafür, grundlegende Fragen des öffentlichen und privaten Lebens zu bewältigen. Wissen über die Beschaffenheit der sozialen und natürlichen Welt vermittelt Kenntnisse über Möglichkeiten des Handelns und erhöht die Chancen, erfolgreich zu handeln (vgl. Frankfurt 2007: 48ff.). *Zweitens* ist es in diesem Zusammenhang von Bedeutung, sich kritisch mit Wissenschaft auseinanderzusetzen. Zu fragen ist, wie wissenschaftliches Wissen generiert wird, welche Ansprüche verfolgt werden, welche theoretischen und praktischen Probleme auftreten und inwieweit die spezifische Form der wissenschaftlichen Rationalität für praktische Handlungs- und Entscheidungsprobleme in allen Bereichen des sozialen Lebens brauchbar ist.

Es handelt sich dabei nicht nur um Themen für die innerwissenschaftliche Diskussion, sondern es entspricht geradezu der gesellschaftlichen Verantwortung von

Wissenschaft, wenn wir uns mit dem vorliegenden Buch der Herstellung, dem Nutzen und dem Gebrauch von Wahrheit in Form einer „öffentlichen Soziologie" annehmen.

Die Rede von der öffentlichen Soziologie geht auf ein international viel beachtetes Plädoyer des Vorsitzenden der Amerikanischen Gesellschaft für Soziologie (ASA), Michael Burawoy, für eine *public sociology* zurück. Die Soziologie, so argumentiert Burawoy (2005), habe sich in ihrer Entwicklung in vier unterschiedliche Arbeitsbereiche ausdifferenziert: Da gäbe es die professionelle Soziologie, verankert an den Universitäten, die die theoretischen und methodischen Standards des Faches entwickle und pflege; dann die angewandte Soziologie (*policy sociology*), die im Sinn einer Dienstleistung für interessierte öffentliche oder private Auftraggeber Forschungsergebnisse liefere; die kritische Soziologie, die in der Funktion eines Gewissens der professionellen Soziologie deren Forschungsprogramme auf ihre sozialphilosophischen Grundlagen und politischen Wirkungen prüfe und vielfach eine Brücke zwischen dem Fach und sozialen Bewegungen herstelle; und schließlich die öffentliche Soziologie, die mit breiten Öffentlichkeiten über unterschiedliche Fragen des öffentlichen Interesses ins Gespräch komme und damit die Soziologie nicht nur als Wissenschaft, sondern auch als politische und moralische Kraft präsentiere. Burawoy betont, dass alle vier Bereiche sich wechselseitig benötigen würden und aufeinander verwiesen seien.

Was könnten die gesellschaftlichen Fragen sein, für deren Bearbeitung und selbstkritische Reflexion die Soziologie in der Öffentlichkeit eine besondere Verantwortung zu übernehmen hat? Ein traditioneller Platz der Soziologie, zumindest in ihrer kritischen Tradition, ist auf der Seite der Zivilgesellschaft. Sie vertritt das Soziale gegenüber den zentralen gesellschaftlichen Machtfeldern des Staates und der Wirtschaft. Soziologisches Wissen geht von Strukturmerkmalen gesellschaftlicher Handlungsräume und von Konfliktkonstellationen aus, muss dabei aber nicht stehen bleiben (vgl. Bude 2005: 379). Es kann bei der Analyse des Faktischen auch einen Horizont des Kontrafaktischen erfassen und auf Möglichkeiten des Weiterkommens und der Selbstbildung verweisen. Nicht zuletzt wäre es eine Aufgabe der öffentlichen Soziologie, scheinbar private Anliegen und Nöte zu öffentlichen Fragen zu machen (vgl. Mills 1963), indem sie mit Blick auf die Arbeits- und Lebensverhältnisse jene Bedürfnisse und Interessen sichtbar macht, die an vielen Orten der institutionellen und persönlichen Herrschaft unmittelbar spür- und erfahrbar, aber unter der Übermacht der etablierten Machtfelder kaum artikulierbar sind.

Die Beiträge in diesem Buch setzen sich in diesem Sinne kritisch mit dem Streben und Bedürfnis nach Wahrheit, aber auch mit den Problemen ihrer wissenschaftlichen Hervorbringung auseinander. Das ist kein einfaches Unterfangen, weil jeder

Versuch, ein zeitgemäßes Verhältnis zur Wahrheit zu entwickeln, eine differenzierte Position zwischen naiv anachronistischen Idealen auf der einen Seite und postmodernen Relativismen auf der anderen Seite einnehmen muss. Wir haben die Beiträge unter drei Gesichtspunkten geordnet:

Unter *Nach Wahrheit streben?* diskutieren zwei Beiträge Wahrheit als regulative Idee der Wissenschaft. Volker Gadenne zeigt, wie die Position des philosophischen Realismus mit dem Konzept der Wirklichkeit als Konstruktion vereinbar ist. Und Meinrad Ziegler diskutiert Erkenntnisprobleme, die damit verbunden sind, dass uns namentlich in den Sozialwissenschaften reale Phänomene zumeist nur in Form sprachlicher Darstellungen präsent sind. Bei der Suche nach Erkenntnis steht die Wissenschaft noch vor einem weiteren Problem: Soziale Verhältnisse sind vielfach verrätselt, liegen nicht offen zu Tage. In diesen Fällen ist es erforderlich, scheinbare Selbstverständlichkeiten zu zerstören und neue Sichtweise freizulegen. Regina Becker-Schmidt und Dietmar Becker behandeln dieses Problem und verweisen dabei auf Analogien zwischen Wissenschaft und Kunst.

Wahrhaft gebildet? Unter dieser Frage werden zwei Beiträge in die Diskussion gebracht, die sich mit der aktuellen Umstrukturierung des Bildungssystems befassen. Der Beitrag von Brigitte Aulenbacher, Lena Berenberg-Goßler, Johannes Duschl, Laura Kepplinger und Hartwig Skala zeigt, welche Erfahrungen Schülerinnen und Schüler sowie Studierende mit den Reformen an den Schulen und Universitäten und dem darin angelegten Wissenserwerb machen. Und Johann Bacher gewährt Einblick, wie die PISA-Studien ihre Daten erheben und was in der Folge mit ihnen über die Qualität von Schulen erkannt werden kann und was nicht.

Die dritte Gruppe von Beiträgen stellt die Frage: *Auf welche Wahrheiten vertrauen?* Andrea Tippe zeigt hier – etwa an Prozessen der Organisationsentwicklung in Unternehmen – die Spannungen, die von der Verknüpfung zwischen Macht und Wahrheit ausgehen. Vertrauen stellt sich unter diesen Bedingungen als eine Voraussetzung dafür dar, um Lüge ebenso wie Wahrheit überhaupt erkennen zu können. Einfache, eingewöhnte Wahrheiten scheinen unser Leben leichter zu machen, richtiger machen sie es nicht – diesen Schluss legt der Beitrag von Sabine Hark nahe, die sich unter der Frage, wie viele Geschlechter es gibt, mit den Wahrheiten des Alltagsverstands und der Wissenschaft befasst. Zahlenförmiges Wissen gilt uns als besonders informativ und objektiv. Christian Fleck vergleicht im abschließenden Beitrag dieses Buches die uns vertrauten statistischen Kennzahlen für den Arbeits- und den Heiratsmarkt und zeigt dabei, wie sehr mit diesen Kennzahlen dramatisiert und bagatellisiert wird.

Das vorliegende Buch geht auf die gleichnamige Veranstaltungsreihe zurück, die im Kepler Salon im Rahmen von Linz 2009 Kulturhauptstadt Europas veranstaltet wurde. Mit einem Ambiente, das an die Tradition des literarischen, künstlerischen oder politischen Salons des vergangenen Jahrhunderts erinnert, aber doch ganz anders, weil zeitgemäß ist, ist der Diskussion zwischen Wissenschaft und Öffentlichkeit hier ein besonderer Raum gegeben. Daher haben wir unsere seinerzeitigen MitveranstalterInnen Ulrich Fuchs, den stellvertretenden Intendanten von Linz09, und Silvia Keller, die Leiterin des Projektes Kepler Salons eingeladen, sich in einer Nachlese des Kulturhauptstadtjahres zu erinnern und auf diese Weise nunmehr auch die LeserInnen teilhaben zu lassen.

Ihnen, Sebastian Knopp und dem weiteren Team des Kepler Salons gilt unser Dank für die stets erfreuliche Zusammenarbeit. Von der Johannes Kepler Universität sorgte Maria Dammayr, die auch das vorliegende Buch redaktionell mit bearbeitet hat, für die Organisation der Vortragsreihe vor Ort, während Heidemarie Schütz hinter den Kulissen die Fäden in der Hand hielt. Für beides bedanken wir uns herzlich. Last but not least danken wir dem Rektorat der Johannes Kepler Universität für die Ko-Finanzierung der Veranstaltung und der Stadt Linz für die Förderung dieser Publikation.

Literaturhinweise

Bude, Heinz; 2005: Auf der Suche nach einer öffentlichen Soziologie. Ein Kommentar zu Michael Burawoy. In: Soziale Welt, Jg. 56. S. 375-380.
Burawoy, Michael; 2005: For Public Sociology. In: Soziale Welt, Jg. 56. S. 347-374.
Frankfurt, Harry G.; 2005: On Bullshit. Princeton.
Frankfurt, Harry G.; 2007: Über die Wahrheit. München.
Giddens, Anthony; 1995: Konsequenzen der Moderne, Frankfurt/M.
Giddens, Anthony; 1996: Leben in einer posttraditionalen Gesellschaft, in: Ulrich Beck/ Anthony Giddens/ Scott Lash: Reflexive Modernisierung. Eine Kontroverse. Frankfurt/M. S.113-194.
Haraway, Donna; 1996: Anspruchsloser Zeuge @ Zweites Jahrtausend. FrauMann© trifft OncoMouse™, Leviathan und die vier Jots: Die Tatsachen verdrehen, In: Elvira Scheich (Hg.): Vermittelte Weiblichkeit. Feministische Wissenschafts- und Gesellschaftstheorie, Hamburg. S. 347-389.
Mills, C. Wright; 1963: Kritik der soziologischen Denkweise. Neuwied/ Berlin.
Siegel, Tilla; 1993: Das ist nur rational, Ein Essay zur Logik der sozialen Rationalisierung. In: Dagmar Reese u.a. (Hg.): Rationale Beziehungen? Geschlechterverhältnisse im Rationalisierungsprozess. Frankfurt/M. S. 363-396.
Siegel, Tilla; 1995: Schlank und flexibel in die Zukunft. Überlegungen zum Verhältnis von industrieller Rationalisierung und gesellschaftlichem Umbruch. In: Brigitte Aulenbacher/ Tilla Siegel (Hg.): Diese Welt wird völlig anders sein. Denkmuster der Rationalisierung. Pfaffenweiler. S. 175-195.

Nach Wahrheit streben?

Volker Gadenne

Sucht die Wissenschaft nach der Wahrheit?

Einleitung

Nach einer alten Idealvorstellung geht es der Wissenschaft um die Wahrheit. Ist diese Auffassung noch aktuell? Wird sie noch vertreten, und steht sie in Einklang mit dem, was die meisten WissenschaftlerInnen heute tun? Was ist Wahrheit überhaupt? Wie im Johannes-Evangelium erzählt wird, fragte dies bereits Pontius Pilatus. Interessanterweise kann man seine Frage auf zwei verschiedene Weisen deuten: Ging es ihm darum, was Wahrheit *ist*, das heißt, was das Wort „Wahrheit" bedeutet? Oder wollte er die Frage aufwerfen, wie man von bestimmten Aussagen *herausfinden* kann, ob sie wahr oder falsch sind, zum Beispiel von den Aussagen, die Jesus betreffen? Wie auch immer er es meinte, es ist auf jeden Fall wichtig, diese beiden Punkte zu unterscheiden (vgl. Musgrave 1993: 251). Herauszufinden, ob bestimmte Aussagen wahr oder falsch sind, setzt voraus, dass man zuvor festgelegt hat, was unter Wahrheit verstanden werden soll. Daher wenden wir uns zunächst dieser Frage zu (Abschnitt 2). Anschließend wird es darum gehen, wie man in den Wissenschaften verfährt, um Wahrheiten nachzuweisen beziehungsweise herauszufinden, welche Aussagen wahr und welche falsch sind (Abschnitt 3).

Wer sich mit dem Thema Wahrheit auseinandersetzt, muss auch zu jener Frage Stellung nehmen, ob es eine objektive Wirklichkeit gibt, die den Bezugspunkt dafür darstellt, dass Aussagen wahr sein können, oder ob die „Wirklichkeit" vielmehr als eine soziale Konstruktion aufzufassen ist (Abschnitt 4). Und schließlich gehen wir noch auf das unerfreuliche Thema ein, dass es in der Wissenschaft nicht nur Wahrheitssuche, sondern auch Täuschung und Betrug gibt (Abschnitt 5).

Wahrheit und Wirklichkeit

Nach der ältesten und bis heute überwiegend vertretenen Wahrheitsauffassung ist Wahrheit die *Übereinstimmung* einer Aussage mit der Wirklichkeit (oder Realität).

Ein Aussagesatz ist wahr, wenn das, was er sagt, wirklich der Fall ist; ansonsten ist er falsch. Man kann es auch so formulieren: Eine Aussage ist wahr, wenn sie die Wirklichkeit auf *zutreffende* Weise darstellt. Man nennt diese Auffassung die *Übereinstimmungs-* oder *Korrespondenztheorie* der Wahrheit. Bereits in der Antike wurde sie von Aristoteles vertreten, in neuerer Zeit beispielsweise von dem Logiker Alfred Tarski sowie von den Philosophen Bertrand Russell und Karl Popper.

Nehmen wir beispielsweise die folgende Aussage A: „Die Erde ist rund mit abgeflachten Polen." A ist genau dann wahr, wenn die Erde wirklich rund mit abgeflachten Polen ist, denn dann stellt A die Wirklichkeit zutreffend dar. Wäre die Erde hingegen in Wirklichkeit eine flache Scheibe, dann wäre A falsch. Es ist für das richtige Verständnis dieser Wahrheitsauffassung wichtig, dass Aussagen wahr oder falsch sind unabhängig davon, ob jemand dies weiß oder auch nur versucht hat, es herauszufinden.

Die Korrespondenztheorie ist eng mit der Art und Weise verknüpft, wie wir unsere Sprache auffassen. Wir gehen ganz selbstverständlich davon aus, dass es möglich ist, mit Sätzen *Sachverhalte darzustellen* (zu *beschreiben*) und anderen dadurch Informationen über die Wirklichkeit zu vermitteln. Wenn etwa bei einem Treffen mehrerer Personen nicht genügend Stühle vorhanden sind, sagt vielleicht jemand: „Im Nebenraum gibt es noch zwei Stühle." Die Anwesenden verstehen, sofern sie deutsch sprechen, welcher Sachverhalt mit dieser Aussage *gemeint* ist (dargestellt wird) und werden eventuell von der ihnen gegebenen Information Gebrauch machen.

Die Korrespondenztheorie lässt sich daher auch so erläutern: Mit der Sprache kann man *Sachverhalte* darstellen, die möglicherweise bestehen. Wenn ein dargestellter Sachverhalt wirklich besteht, wenn er eine *Tatsache* ist, dann ist die betreffende Aussage wahr; andernfalls ist sie falsch.

Wenn von einer „Übereinstimmung" von Aussage und Wirklichkeit die Rede ist, so muss dabei bedacht werden, dass sprachliche Mittel ihre Grenzen haben, und dies gilt sowohl für die Umgangssprachen als auch die Sprachen der Wissenschaften. Begriffe sind oft unscharf. Und wenn sie präzise definiert werden, dann zeigt es sich manchmal, dass sie nur begrenzt dazu geeignet sind, die tatsächlichen Verhältnisse zu erfassen. Ist die Erde wirklich rund? Wenn „rund" soviel bedeutet wie exakt kugelförmig, ist sie es nicht. Wenn aber „rund" dazu dienen soll, den wesentlichen Unterschied zur Gegenhypothese auszudrücken, nach der die Erde eine flache Scheibe ist, dann kann man die Aussage, dass die Erde rund ist, als zutreffend anerkennen. Wer im Alltag Aussagen als wahr anerkennt oder als falsch verwirft, gebraucht also „wahr" oft im Sinne von *annäherungsweise zutreffend*. Es gibt aber auch viele Aussagen, die nach heutigem Wissen nicht nur annähernd, sondern uneingeschränkt zutreffen, wie etwa die folgenden: Ein Wasserstoffatom hat ein Elektron. – Der Jupiter ist der größte Planet im Sonnensystem. – Der Mond leuchtet, weil er das Licht von der Sonne reflektiert. – Der Mensch hat mit den Menschenaffen einen gemeinsamen Vorfahren in der Evolution.

Gegen die Korrespondenztheorie wurden eine Reihe von Einwänden vorgebracht. Einer der wichtigsten davon nimmt Bezug auf die Spätphilosophie Ludwig Wittgensteins (1984). Wittgenstein hat gezeigt, dass es ziemlich verfehlt wäre, die Funktion der umgangssprachlichen Sätze allein darin zu sehen, Dinge zu benennen und zu beschreiben. Sprachliche Äußerungen sind vielmehr eingebunden in Handlungssituationen und haben ihre genaue Bedeutung im Zusammenhang mit diesen Situationen. Dies lässt sich an dem oben verwendeten Beispiel erläutern. Wer den Satz „Im Nebenraum gibt es noch zwei Stühle" äußert, will keineswegs nur ein Stück Wirklichkeit beschreiben, ohne dabei irgendeine weitere Absicht zu haben, sondern möchte höchstwahrscheinlich andere Personen zu etwas auffordern oder ihnen einen Rat geben oder sie um etwas bitten. Die Funktionen von Sprachhandlungen sind vielfältig und reich an Nuancen.

Manche haben deshalb aus Wittgensteins Philosophie den Schluss gezogen, dass die Korrespondenztheorie der Wahrheit widerlegt worden sei. Ich halte dies jedoch für einen Fehlschluss. Es stimmt, dass Sprache meist *nicht nur* der Beschreibung dient. Aber sie *kann* auch eingesetzt werden, um ausschließlich zu beschreiben. Dass sie dies *auch* kann, wird durch Wittgensteins Einsichten überhaupt nicht in Frage gestellt. Und viele Sprachhandlungen können ihre Funktionen in der Kommunikation nur dadurch erfüllen, dass sie (auch) eine Beschreibungskomponente besitzen. Wenn beispielsweise andere nicht verstehen würden, welchen Sachverhalt der Satz „Im Nebenraum gibt es noch zwei Stühle" beschreibt, dann könnten sie auch nicht verstehen, zu welcher Handlung sie durch diesen Satz in der gegebenen Situation aufgefordert werden.

Ein weiterer Einwand richtet sich gegen die Annahme, dass es überhaupt eine sprachunabhängige „Wirklichkeit" gibt, die durch Sprache erfasst und dargestellt werden könnte. Auch diese Kritik ist meines Erachtens nicht stichhaltig. Darauf gehen wir später noch ausführlich ein.

Es gibt eine Reihe anderer Wahrheitstheorien. Aber keine davon hat letztlich die Korrespondenztheorie verdrängen und ersetzen können. Zeitweise galt die *Konsenstheorie* als eine tragfähige Alternative, vor allem in den Geistes- und Sozialwissenschaften. Danach ist Wahrheit nicht die Übereinstimmung mit einer objektiven Wirklichkeit, sondern die Übereinstimmung von Personen untereinander, die sich über eine zur Diskussion stehende Aussage ein Urteil bilden. Voraussetzung ist dabei, dass sich diese Personen auf vollkommen rationale Weise mit der betreffenden Frage auseinander gesetzt haben. Am bekanntesten wurde die Konsenstheorie in der von Jürgen Habermas vertretenen Fassung, die Teil seiner *Diskurstheorie* ist. Vorausgesetzt, jeder potenzielle Teilnehmer an einem Diskurs hat die *gleiche Chance*, Fragen und Antworten zu äußern, Behauptungen aufzustellen, zu widersprechen und Rechtfertigungen vorzubringen. Jede Art von Machtausübung oder Manipulation ist ausgeschlossen, es zählt wirklich nur das bessere Argument. Wenn in einer solchen idealen Situation ein Konsens zustande kommt, dann gilt er per Definition als *wahrer* Konsens.

Nun ist es ohne Zweifel gut, wenn zur Wahrheitsfindung Diskurse stattfinden, in denen nur das bessere Argument zählt, oder wenigstens Diskussionen, die diesem Ideal möglichst nahe kommen. In der Wissenschaft wie in der Politik wäre dies zu wünschen. Aber ist es überzeugend, Wahrheit als Konsens zu *definieren*? Dass es ideale Gesprächssituationen im beschriebenen Sinne praktisch kaum geben dürfte, ist dabei das kleinere Problem. Schwerer wiegt Folgendes: Selbst wenn Menschen es schaffen könnten, nur das bessere Argument gelten zu lassen, wäre immer noch nicht garantiert, dass sie sich dann stets auf genau eine Auffassung einigen würden. Auch nach ausgiebiger Untersuchung ist es in der Wissenschaft oft so, dass die vorliegenden Resultate mehrere Schlussfolgerungen zulassen, und trotz größter Bemühung um Rationalität gibt es unter den ExpertInnen dann keine Einigkeit, was die beste Schlussfolgerung ist. Nach der Konsenstheorie setzt Wahrheit aber eine Einigung voraus, zumindest theoretisch. Als Folge davon gäbe es eventuell auf vielen Gebieten gar keine oder nur sehr wenige wahre Aussagen.

Außerdem schließt die Konsenstheorie die Möglichkeit aus, dass Menschen sich kollektiv täuschen, selbst wenn sie sich ganz von Argumenten leiten lassen. Es ist natürlich möglich, Wahrheit einfach so zu definieren, dass sie nur davon abhängt, wie Menschen unter gewissen idealen Bedingungen urteilen. Aber über eine nach dieser Definition wahre Aussage kann man immer die berechtigte Frage aufwerfen: Ist sie denn auch *zutreffend*, einerlei, wie viele rationale Beurteiler diese Aussage akzeptiert haben? Erklärt man diese Frage als unzulässig, so versucht man, etwas der Betrachtung zu entziehen, auf das die gewöhnliche Rede von Wahrheit oder Falschheit gerade abzielt, nämlich auf die einer Aussage gegenüber stehende Wirklichkeit. Wer behauptet, dass die Erde rund ist, will nämlich keineswegs etwas darüber sagen, wie andere Personen unter gewissen Bedingungen urteilen würden, sondern etwas über die wirkliche Erde und ihre Form. Und die Wahrheit dieser Aussage hängt nicht von den Meinungen und Urteilen anderer Personen ab, sondern von der Realität. Zu diesem Ergebnis ist schließlich auch Habermas (1998) gekommen. Anders als früher vertritt er nun die Auffassung, dass die Bedingungen dafür, dass eine beschreibende Aussage wahr ist, „gewissermaßen von der Realität selbst erfüllt werden müssen" (Habermas 1998: 188).

Wirklichkeit, Theorie und Erfahrung

Die Wissenschaften versuchen, auf ihren jeweiligen Gebieten zu wahren Aussagen zu gelangen. Es kann sich dabei um Aussagen über Naturvorgänge oder über kulturelle Sachverhalte handeln. Die Aussagen können von der Art eines Gesetzes sein, sie können sich auf eine bestimmte Kultur oder Gesellschaft beziehen, auf eine historische Epoche oder nur auf einzelne Individuen oder ein historisches Ereignis.

Wir können die Natur und auch die kulturelle Wirklichkeit nicht durch reines Nachdenken erkennen, sondern benötigen dazu die Erfahrung, das heißt die Wahrnehmung beziehungsweise *Beobachtung* der Sachverhalte, um die es geht. Beobachtungen führen zu Vermutungen und geben dazu Anlass, *Hypothesen* aufzustellen, die dann an neuen Beobachtungen geprüft und gegebenenfalls korrigiert werden. So vollzieht sich Lernen aus der Erfahrung. Auf diese Weise denken und forschen wir bereits im Alltag, wenn es etwa darum geht, ein aufgetretenes Problem zu lösen. Wissenschaft tut im Prinzip dasselbe auf systematische, organisierte Weise und unter Verwendung spezieller Methoden, die auf das jeweilige Gebiet zugeschnitten sind. Dadurch kommt es zu einer Spezialisierung und Vertiefung der Erkenntnis. An die Stelle der spontanen und eher vagen Vermutungen im Alltag treten hochentwickelte, teils mathematisch formulierte Theorien (Systeme von Hypothesen über einen gemeinsamen Gegenstandsbereich), und deren empirische Prüfung erfordert oft komplexe Instrumente und Verfahren zur mathematischen Analyse von Daten.

In der Wissenschaftsphilosophie wird dieses Vorgehen als die *hypothetisch-deduktive* Methode bezeichnet: Aus einer Hypothese oder Theorie wird abgeleitet (deduziert) und damit vorhergesagt, wie die Beobachtungen aussehen müssten, falls die Hypothese stimmt. Entsprechen die Beobachtungen dieser Vorhersage, gilt die Hypothese als *bestätigt*. Weichen sie deutlich von der Vorhersage ab, gilt die Hypothese als *widerlegt*. Alle, die Krimis lesen oder sie sich im Fernsehen anschauen, sind mit der hypothetisch-deduktiven Methode bestens vertraut, vielleicht, ohne dies bisher bemerkt zu haben: Ein Inspektor oder eine Kommissarin sichtet eine Problemsituation, in deren Mittelpunkt meist eine Leiche steht. Er oder sie entwickelt eine erste Hypothese, wer der Täter sein könnte. Diese Hypothese wird anhand von Indizien und mit Hilfe von Befragungen überprüft, und oft erweist sie sich als falsch. Weitere Hypothesen werden entwickelt, und wenn der Fall eine Lösung erfährt, bedeutet dies, dass sich am Ende eine bestimmte Hypothese bestätigen lässt.

Gehen Hypothesen den Beobachtungen voraus, oder ist es umgekehrt? Wenn Beobachtungen vorgenommen werden, so geht diesen stets so etwas voraus wie eine Frage, Vormeinung oder Erwartung. Andererseits geben Beobachtungen wiederum den Anstoß dazu, neue Hypothesen aufzustellen, mit denen man diese Beobachtungen erklären will. Wichtig ist allerdings, dass sich Hypothesen niemals eindeutig aus bestimmten Beobachtungen ableiten lassen. Sie sind stets das Ergebnis *kreativen Denkens*, und dies gilt besonders für diejenigen Theorien, die in der Wissenschaft Bedeutung erlangen. Aber es gilt ganz allgemein und lässt sich auch anhand des Krimi-Beispiels illustrieren: Die entscheidende Hypothese, die dann den Fall löst, ist meist das Resultat eines raffinierten Einfalls. Die Fakten waren vielen zugänglich, aber nur eine(r) war kreativ genug, daraus die richtigen Schlüsse zu ziehen. Wenn es exakte Regeln gäbe, den Rechenregeln des Einmaleins vergleichbar, die induktiv von Beobachtungen zu Theorien führen, bräuchte man keinen Newton und keinen Sherlock Holmes.

Ein bekannter Vertreter der hypothetisch-deduktiven Methode war Karl Popper, der Begründer des *kritischen Rationalismus*. In der allgemeinen Form, wie ich diese Methode skizziert habe, vertreten sie aber heute nicht nur die kritischen Rationalisten, sondern auch die Anhänger vieler anderer philosophischer Richtungen. Popper hob in seiner Fassung der hypothetisch-deduktiven Methode zwei Punkte besonders hervor: die Wichtigkeit von *Widerlegungen* (*Falsifikationen*) für den Erkenntnisfortschritt und die prinzipielle *Fehlbarkeit* der Erkenntnis (vgl. Popper 1994).

Wie bereits gesagt, gehen Theorien über die Beobachtungen, zu deren Erklärung man sie entwickelt hat, weit hinaus. Sie handeln großenteils von Dingen, die sich der Beobachtung entziehen, etwa von subatomaren Teilchen oder vom Verhalten von Lebewesen, die vor Millionen von Jahren ausgestorben sind. Wenn es um allgemeine Hypothesen geht, so kommt hinzu, dass diese sich auf alle Individuen einer bestimmten Gesamtheit beziehen, während man stets nur wenige davon jemals untersuchen kann. Hypothesen und Theorien lassen sich deshalb niemals als mit Sicherheit wahr erweisen. Noch so viele Beobachtungen weißer Schwäne beweisen nicht, dass alle Schwäne weiß sind. Es ist aber möglich, eine Hypothese zu *widerlegen*. Hierzu genügt die Beobachtung eines nichtweißen Schwans. Obwohl nicht als wahr beweisbar, können Hypothesen nun aber empirische *Bestätigung* erfahren. Wenn eine Hypothese geprüft wurde und den Test besteht, trägt dies zu ihrer Bestätigung bei. Manche wissenschaftlichen Theorien sind in hohem Maße bestätigt. Dies berechtigt dazu, sie vorläufig für wahr zu halten – mit dem Vorbehalt, dass sie vielleicht später doch noch widerlegt werden könnten.

Die Wissenschaft hat das Ziel, zu wahren Theorien zu gelangen. Da Theorien über die Beobachtungen weit hinausgehen, ist damit zu rechnen, dass neue Theorien manches und vielleicht sogar die wesentlichen Punkte auf unzutreffende Weise darstellen. Wer das Ziel der Wahrheitserkenntnis hat, sollte also alles daran setzen, falsche Hypothesen möglichst schnell als falsch zu identifizieren, damit sie korrigiert oder ersetzt werden können. Jede Entdeckung eines Irrtums dient indirekt dem Ziel, dass die neu vorgebrachten, noch nicht widerlegten Hypothesen wahr sein könnten (vgl. Gadenne 2002).

Hierzu ist es nun erforderlich, Hypothesen von Anfang an so zu formulieren, dass sie gut überprüfbar sind. Sie sollten also nicht mit Einschränkungen und Klauseln versehen sein, die ihre Prüfung erschweren oder ganz unmöglich machen. Weiterhin ist es der Wahrheitserkenntnis dienlich, wenn Prüfversuche vorgenommen werden, die systematisch darauf abzielen, die fehlerhaften Teile einer Theorie möglichst schnell zu finden. Je schneller und eindeutiger dies geschieht, desto effektiver kann man daran arbeiten, diese Fehler zu beseitigen, was wiederum im Dienste des Ziels steht, dass die weiterentwickelte Theorie wahr ist. Die Wahrheit kann aus dieser Sicht als *regulative Idee* betrachtet werden: Das Forschungshandeln ist an ihr orientiert – und doch kann man in keinem einzelnen Fall mit Sicherheit wissen, dass man das Wahrheitsziel erreicht hat.

Nach dieser Erkenntnislehre sind Erkenntnisversuche prinzipiell fehlbar oder *fallibel*. Auch in der wissenschaftlichen Erkenntnis gibt es keine Gewissheit, eine Auffassung, die Popper als *Fallibilismus* bezeichnete. Vor einigen Jahrzehnten noch umstritten, wird der Fallibilismus heute in den Wissenschaften und der Philosophie von fast allen akzeptiert.

Übrigens können auch Beobachtungen fehlerhaft sein. Für die Widerlegung von Theorien bedeutet dies, dass auch sie als fehlbare Entscheidungen zu gelten haben, die zurückgenommen werden können. Trotzdem ist es so, dass Menschen beim Beobachten unter günstigen Bedingungen im Allgemeinen weniger Irrtümer begehen, als beim Ausdenken von Theorien. Und deshalb ist es sinnvoll, Theorien an (fehlbaren) Beobachtungen zu prüfen, mit dem Ziel, dabei auf längere Sicht einen Erkenntnisfortschritt zu erzielen.

Fehlbarkeit darf nicht so verstanden werden, dass die Resultate der Wissenschaften allesamt unglaubwürdig wären. Es gibt hochgradig bestätigte Theorien, und es ist berechtigt, diese vorläufig für wahr zu halten. Es ist auch durchaus möglich, dass sie niemals widerlegt werden. Nur kann man eben nicht völlig sicher sein, dass es so ist.

Konstruktion und Wirklichkeit

Wer Wahrheit so versteht, wie es bis hierher geschildert wurde, setzt voraus, dass unseren beschreibenden Aussagen etwas Objektives gegenübersteht, das es zu beschreiben gilt, eben die Wirklichkeit oder Realität. Die Auffassung, dass es eine *objektive Wirklichkeit* gibt, die so ist, wie sie ist, unabhängig davon, was wir denken und sagen, nennt man *Realismus*. Der Realismus nimmt weiterhin an, dass wir über diese objektive Wirklichkeit Erkenntnisse gewinnen können. Es sind allerdings fehlbare

Erkenntnisse, und sie betreffen immer nur Teile und Ausschnitte der Wirklichkeit, vielleicht nur sehr kleine Ausschnitte.

Dem Realismus wird von vielen die Auffassung entgegen gehalten, dass wir es in der Erkenntnis keineswegs mit einer objektiven Wirklichkeit zu tun hätten. Die Wirklichkeit sei vielmehr eine (soziale) *Konstruktion;* entsprechend nennt man diese Sicht *Konstruktivismus.*

Es gibt allerdings verschiedene Spielarten sowohl des Realismus als auch des Konstruktivismus, und nicht jede Form von Konstruktivismus widerspricht jeder Spielart des Realismus. Eine Auseinandersetzung mit diesem kontroversen Thema muss damit beginnen, den genauen Sinn des Begriffs „Konstruktion" zu klären, um den es hier geht. Es ist kein Problem zu verstehen, dass Hypothesen und Theorien konstruiert sind. Sie sind natürlich von Menschen „zusammengebaut", indem Begriffe zu Aussagen und Aussagen zu Aussagesystemen zusammengefügt werden. Aber auch Wahrnehmungen sind in gewisser Weise Konstruktionen. Beim Sehen beispielsweise sind wir nur indirekt in physischem Kontakt mit den Gegenständen der Außenwelt. Die Sinneszellen des Auges werden durch Lichtreize erregt und leiten diese Erregung an Strukturen des Gehirns weiter. Was dort an zentraler Stelle geschieht und uns nicht bewusst wird, ist die Grundlage dafür, dass wir bewusste visuelle Wahrnehmungen haben, die uns den Eindruck vermitteln, wir seien in direktem Kontakt mit dieser bunten Vielfalt von Gegenständen.

Noch in einem andern Sinne leben wir in einer „konstruierten Welt": Wenn ich schaue, was sich in diesem Arbeitszimmer befindet und was ich durch den Blick aus dem Fenster sehen kann, so sind dies fast nur Gegenstände, die von Menschenhand hergestellt wurden. Selbst der Anteil an „Natur", der sich zeigt, etwa die umliegenden Gärten, ist vom Menschen gestaltet worden.

Und schließlich ist noch darauf hinzuweisen, dass die „Gegenstände", mit denen es die Kultur- und Sozialwissenschaften zu tun haben, ebenfalls von Menschen geschaffen wurden und großenteils nur dadurch existieren, dass sie von Menschen anerkannt werden (vgl. Searle 1997). Betrachten wir soziale Institutionen: Sie existieren nur dadurch, dass Menschen sie eingerichtet haben und sie aufrechterhalten. Eine Landesgrenze, eine demokratische Staatsform, eine Wirtschaftsordnung, ein erlassenes Gesetz – alle diese Dinge sind in ihrer Entstehung und Fortexistenz davon abhängig, dass Personen bestimmte Überzeugungen und Absichten haben und in bestimmter Weise handeln. Man kann deshalb zwischen *natürlichen* und *sozialen Tatsachen* unterscheiden. Dass die Planetenbahnen Ellipsen sind, wie Kepler entdeckte, ist eine natürliche Tatsache. Ein Gesetz, das Schwangerschaftsabbruch unter bestimmten Bedingungen erlaubt, ist eine soziale Tatsache.

Vergleicht man nun die aufgezeigten konstruktiven Aspekte mit den Annahmen des Realismus, so stellt sich heraus, dass sie diesen gar nicht widersprechen. Wenn zum Beispiel Theorien und Wahrnehmungen im genannten Sinne konstruiert sind, so können sie dennoch reale Tatsachen auf zutreffende Weise erfassen. Dass Dinge von Menschen erschaffen oder gestaltet werden, ist ebenfalls kein Grund, sie nicht für real zu halten. Ein hergestelltes Heilmittel oder Gift ist höchst real, wie man an seinen Wirkungen erkennen kann. Und auch soziale Tatsachen sind real in dem Sinne, dass sie existieren und Wirkungen haben. Man denke etwa an die Folgen des Nichteinhaltens geltender Gesetze. Es ist auch völlig klar, dass man über soziale Tatsachen Aussagen machen kann, die zutreffen können oder nicht und die daher gemäß der Korrespondenztheorie wahr oder falsch sind. Die Aussage, dass es derzeit in den USA die Todesstrafe gibt, ist in diesem Sinne wahr. Zwar wurde sie von Menschen eingeführt, aber über eine eingeführte und aufrechterhaltene Praxis kann man Aussagen machen, die ebenso objektiv wahr oder falsch sind, wie über die Bahnen von Planeten.

Es gibt Konstruktivisten, die an dieser Stelle einwenden würden, dass es nicht ihr Ziel sei, wahre Aussagen über irgendetwas zu machen, auch nicht über eine soziale Wirklichkeit. Vielmehr wollten sie untersuchen, wie Menschen ihre jeweiligen sozialen Wirklichkeiten konstruieren. Doch auch in diesem Fall haben die betreffenden konstruktivistischen ForscherInnen das Ziel, *wahre* Aussagen zu machen, nämlich über das Konstruktionshandeln von Menschen. Schließlich führen sie empirische Forschungen durch, um ihre Aussagen zu belegen. Und es ist anzunehmen, dass sie ihre Forschungsberichte tatsächlich als Berichte verstehen und nicht als Texte der Gattung Fiction (zu der zum Beispiel die Bücher von Carlos Castaneda gehören, der sein erstes Werk als ethnographischen Bericht ausgab, während aus heutiger Sicht sehr viel dafür spricht, dass auch dieses Buch überwiegend Fiction enthält).

Wenn der Konstruktivismus nicht mehr behaupten würde, als bisher gesagt wurde, gäbe es kaum eine Kontroverse. Es gibt aber eine Art *globalen* Konstruktivismus, der deutlich über das Gesagte hinaus geht, und erst er gerät mit dem Realismus in Konflikt. Der Philosoph Nelson Goodman (1978; 1980: 213) hat den entscheidenden Punkt durch die provokante These zum Ausdruck gebracht, dass auch die Sterne von uns „gemacht" seien, nur eben nicht mit Händen, sondern mit Worten; und er betonte, er meine dies wörtlich. Er sagte auch, dass wir mit Worten ganze Welten erschaffen würden und dass es ohne Worte keine Welt gäbe.

Aber kann man ernsthaft behaupten, dass nicht nur Ideen, sondern die Welt selbst von uns konstruiert wäre, einschließlich der Atome, Sterne und Galaxien? Es geht dem globalen Konstruktivismus um den Gedanken, dass die Art und Weise, wie wir die Welt in *Dinge* und *Tatsachen unterteilen,* durch die Sprache und letztlich durch die Kultur und das mit ihr jeweils verbundene Weltbild bestimmt ist. Gibt es zum Beispiel „von Natur aus" bereits Berge und Täler, Flüsse, Wälder und Wiesen? Der Konstruktivismus will nicht sagen, dass wir uns all dies nur einbilden. Aber dass wir eine Masse aus Gestein und Eis als Berg bezeichnen und dadurch als ein „Ding" auffassen, dies schreibt die Realität nicht vor, und in diesem Sinne gibt es aus konstruktivistischer Sicht den Berg nicht unabhängig von unserer Beschreibung. Diesen Gedanken kann man nun auf alles beziehen. Die heutige Physik und Chemie kennt beispielsweise das Periodensystem der Elemente. Danach gibt es in der Welt bestimmte Arten von Atomen mit bestimmten Eigenschaften. Diese Auffassung hat ihren Ursprung bekanntlich in der griechischen Antike. Damals gab es auch noch die Auffassung, dass die Welt aus vier Elementen besteht: Erde, Wasser, Luft und Feuer. Ist nun die Lehre von den Atomen wahr und die Lehre von den vier Elementen falsch? Oder sind es vielleicht nur verschiedene Arten, die Welt zu begreifen und sie durch ein System von Begriffen darzustellen? Man kann noch weiter gehen und fragen, ob ein Weltbild, in dem es Götter oder Dämonen gibt, wirklich objektiv falsch ist, oder ob es nur ein anderes Beschreibungssystem ist, das uns heute „archaisch" und „unwissenschaftlich" vorkommt, weil wir uns an die Denk- und Beschreibungsart der modernen Wissenschaft gewöhnt haben.

Aufgrund solcher Überlegungen gelangen Konstruktivisten zu der Auffassung, dass es verfehlt ist, die Welt als ein bereits fertig gegliedertes und strukturiertes Gebilde aufzufassen, das dann durch Aussagesätze zutreffend oder nicht zutreffend abgebildet werden kann. Vielmehr sind es zu einem wesentlichen Teil erst die von Menschen entwickelten Begriffe und sprachlichen Formen, die festlegen, wie die Welt in bestimmte Dinge und Tatsachen zerfällt. Und wie die Welt durch das Denken und die Sprache strukturiert wird, dies hängt auch mit menschlichen Interessen zusammen und ist von Kultur zu Kultur verschieden.

Wenn man akzeptiert, dass die Welt in diesem Sinne *sprachabhängig* ist, dann schafft dies Raum für einen weiteren, wichtigen Gedanken: Was von Menschen mit Hilfe der Sprache geschaffen wurde, könnte im Prinzip neu konstruiert und anders konstruiert werden. Nicht die „Realität" zwingt uns bestimmte Tatsachen auf, sondern wir haben sie durch unsere gewählte Weltsicht selbst geschaffen und sind frei, eine andere Welt zu konstruieren. Der Konstruktivist Kenneth Gergen äußert sich in diesem Sinne überaus optimistisch: Alles, was man uns erzählt hat, könnte anders sein. Man hat uns erzählt, dass uns die Schwerkraft auf der Erde festhält, dass Menschen nicht fliegen können wie Vögel und dass Krebs tödlich ist. Wir könnten aber mit Hilfe unserer Sprache andere Welten konstruieren, in der es keine Schwerkraft und keinen Krebs gibt und in der Menschen und Vögel einander gleichen (vgl. Gergen 1999: 47). Und wenn uns suggeriert wird, dass dem gewisse „Realitätszwänge" entgegen stünden, dann sollten wir stets fragen: Wem nützt die Sicht, dass gewisse Dinge angeblich nicht realisierbar seien?

Ich halte den Gedanken für richtig, dass die Sprache für unser Denken von entscheidender Bedeutung ist und dass sie auch wesentlich beeinflusst, wie wir die Welt sehen. Dennoch halte ich den globalen Konstruktivismus, nach der die ganze Welt als konstruiert gilt, für falsch und irreführend. Es ist eine grundlegende menschliche Erfahrung, dass wir die Welt *nicht beliebig beschreiben* können, sondern dass manche Beschreibungen sich bewähren und andere nicht. Die Realität ist *widerständig*, und darin zeigt sich, dass sie schon unabhängig von unseren Beschreibungsversuchen eine bestimmte Beschaffenheit besitzt. Einen Stein aus Granit kann man nicht zerdrücken wie ein Stück Knetmasse, und es würde nichts helfen, den Stein mit anderen Worten zu beschreiben. Ich kann nicht durch eine Wand gehen, und zwar auch dann nicht, wenn ich die Wand versuchsweise anders „konstruiere" und als „offene Tür" bezeichne. Was die von Gergen erwähnten Beispiele angeht, so könnten wir zwar aufhören, die Begriffe „Schwerkraft" und „Krebskrankheit" zu gebrauchen, aber ich bin mir ziemlich sicher, dass dann unsere Fortbewegungsart sich immer noch von der der Vögel unterscheiden würde und dass es immer noch eine bösartige Krankheit gäbe, an der manche Menschen sterben.

Sicherlich hängt es auch von Interessen ab, dass Menschen bestimmte Begriffe bilden und damit gewisse Unterscheidungen treffen, zum Beispiel zwischen essbaren und nicht essbaren Dingen. Aber durch Begriffsbildung können wir den Dingen keine Eigenschaften verleihen, sondern nur Eigenschaften auswählen und hervorheben, wo in der Wirklichkeit schon welche vorhanden sind. Begriffe wie „Wald" und „Wiese" hängen auf komplexe Weise mit menschlichen Interessen und Tätigkeiten zusammen, aber wir könnten diese Begriffe gar nicht erlernen und nicht anwenden, wenn nicht schon in der Realität die Dinge gewisse Eigenschaften, Gemeinsamkeiten und Unterschiede aufweisen würden.

Der globale Konstruktivismus gerät noch in eine andere Schwierigkeit: Wenn alles konstruiert ist, wie steht es dann mit den konstruierenden Personen? Sind auch sie nur Konstruktionen? Wenn ja, wer hat sie konstruiert? Konstruktionen setzen reale handelnde Personen voraus. Wenn jedoch die Konstrukteure als real angenommen werden, ist es dann noch im Mindesten plausibel, dass die physischen Dinge, mit denen sie umgehen, bloße Konstruktionen wären? Der Konstruktivismus ist mit dieser Schwierigkeit immer wieder konfrontiert worden und hat bisher keine zufriedenstellende Antwort geben können. Es handelt sich dabei um ein ähnliches Problem wie mit der These, die ganze Welt sei ein Traum. Wir wissen, was Träume sind und verstehen die Aussage, ein bestimmtes Ereignis sei nicht real, sondern nur geträumt. Wenn aber jemand behauptet, die ganze Welt sei ein Traum, dann ist nicht mehr nachvollziehbar, was dies bedeuten soll. Ein Traum setzt einen realen Träumer voraus, der aus dem Traum erwachen kann. Es kann also nicht sein, dass die ganze Welt ein Traum ist, denn zumindest der Träumer muss real sein und kann nicht auch nur im Traum vorkommen.

Ein globaler Konstruktivismus scheint kaum haltbar zu sein. Aber viele sehen auch den Realismus als eine schwer haltbare, ja naive Position an. Allerdings verstehen sie dabei unter Realismus oft eine Auffassung, die schon lange niemand mehr vertritt. Es sei nochmals betont, dass Realismus nicht bedeutet, zur Wirklichkeit einen unvermittelten und daher auch unfehlbaren Erkenntniszugang zu haben. Heutige Realisten akzeptieren fast alle den im letzten Abschnitt erläuterten Fallibilismus. Aus dieser Sicht bedeutet der Anspruch, von einem Stück Wirklichkeit „Erkenntnis" gewonnen zu haben, dass es gelungen ist, eine Hypothese gut zu bestätigen: Man hat über die Wirklichkeit eine Hypothese formuliert. Sie wurde getestet und konnte bestätigt werden, vielleicht sogar in hohem Maße. Eventuell wird sie auf dem betreffenden Gebiet der Wissenschaft bereits allgemein akzeptiert und als „Gesetz" bezeichnet. Und dennoch muss man mit der Möglichkeit rechnen, dass die Wirklichkeit ganz anders beschaffen ist, als diese Hypothese sagt oder als jede Hypothese sagt, die von der Wissenschaft jemals erdacht wird. – So ist der Realismus zu verstehen.

Wahrheit, Irrtum und Betrug in der Wissenschaft

Wenn wissenschaftliche Erkenntnis fehlbar ist, dann bedeutet dies, dass der Irrtum als Möglichkeit stets gegenwärtig ist. Irrtümer sind auch in der Wissenschaft unvermeidlich und sind im Verlauf ihrer Geschichte ständig vorgekommen. Wenn sich Vermutungen als falsch herausstellen oder wenn seit Langem akzeptierte Theorien revidiert werden müssen, dann bedeutet dies keineswegs, dass ForscherInnen unzuverlässig gearbeitet haben. Man kann in der Forschung völlig korrekt vorgehen, das heißt, die besten verfügbaren Methoden richtig anwenden und dabei doch zu Schlussfolgerungen gelangen, die sich später als Irrweg herausstellen. Ob man eine Wahrheit findet oder auf einen Irrweg gerät, ist in der Wissenschaft zum Teil Glückssache.

Vom Irrtum zu unterscheiden ist die *absichtliche Täuschung*, der *Betrug* in der Wissenschaft. Lange Zeit wurde dieses Thema totgeschwiegen. Aber inzwischen gilt es als klar erwiesen, dass es Betrugsfälle gibt. Es gab sie vermutlich in der gesamten Geschichte der Wissenschaft, und einige Skandale aus jüngster Zeit sind weithin bekannt geworden, zum Beispiel der Fall der Krebsforscher Herrmann und Brach vom Max-Delbrück-Zentrum für Molekulare Medizin in Berlin (vgl. Fröhlich 2003). Die Bandbreite des *Fehlverhaltens* in der Wissenschaft reicht vom fahrlässigen Umgang mit Daten und Texten über das leichte Mogeln bis hin zur gravierenden Fälschung. Es gibt den Diebstahl von Erkenntnissen anderer, indem man deren Ideen oder Texte als eigene ausgibt. In der empirischen Forschung kommt es vor, dass Daten verschwiegen oder verändert werden, wenn sie nicht dem entsprechen, was man gerne als Ergebnis bekommen hätte. In manchen Fällen haben Forscher sogar ganze Serien von Daten frei erfunden, um mit ihnen sensationelle Schlussfolgerungen belegen zu können.

Viele sind angesichts solcher Betrugsskandale fassungslos, und sie verurteilen diese Verstöße gegen ethische Prinzipien zu Recht. Um die Institution Wissenschaft richtig zu verstehen, muss man sich jedoch klar machen, dass WissenschaftlerInnen keine besseren Menschen sind und ebenso in Versuchung geraten können, gegen moralische Regeln zu verstoßen, wie etwa Wirtschaftstreibende oder Politiker. Was sind ihre Motive für die genannten Verstöße? Es geht um wissenschaftliche Anerkennung, um Titel und Preise, um das Erlangen und den Erhalt von Positionen und nicht zuletzt um Vergütungen, die daran gebunden sind, dass die erzielten Ergebnisse den Erwartungen der Auftraggeber entsprechen. Korruption gibt es auf allen Gebieten, und es wäre verfehlt zu glauben, es gäbe sie in der Wissenschaft nicht.

Die aufgedeckten Betrugsfälle haben der Glaubwürdigkeit der Institution Wissenschaft geschadet. Aber auch für die Forschungsarbeit selbst und den Erkenntnisfortschritt sind absichtliche Täuschungen sehr schädlich. In der Grundlagenforschung führen sie die anderen auf falsche Wege. Und in der Anwendung von Forschungsresultaten können sie gefährliche Folgen haben.

Angesichts dieser unschönen Seite der Wissenschaft ist es zu begrüßen, dass viele Wissenschaftsdisziplinen ein Bewusstsein für ethische Fragen entwickelt und dass einige von ihnen ethische Richtlinien erlassen haben, aus denen hervorgeht, was als Fehlverhalten gilt. Auch beginnt sich die Auffassung durchzusetzen, dass Fehlverhalten in der Wissenschaft nicht ignoriert und vertuscht werden sollte und dass es institutioneller Maßnahmen bedarf, solches zu erschweren beziehungsweise besser aufzudecken.

Der Hinweis auf Betrug auch in der Wissenschaft sollte aber nicht dazu führen, dass man die große Zahl derjenigen übersieht, für die Betrug und Täuschung niemals in Frage kommen würden. Ich bin so optimistisch anzunehmen, dass dies für die meisten gilt. Sie identifizieren sich mit ihrer Forschungsarbeit, die für sie jeden Sinn verlieren würde, wenn sie nicht mehr von dem Ziel getragen wäre, neue Zusammenhänge zu entdecken und wahrheitsgemäß darüber zu berichten.

Im Übrigen ist die Wissenschaft so organisiert, dass sie Fälschungen auf längere Sicht zu entdecken und zu korrigieren vermag. Und je bedeutsamer bestimmte Resultate sind, desto intensiver werden sie auch von anderen ForscherInnen überprüft werden. Daher besteht eine gute Chance, dass ein Resultat, das auf einer Fälschung beruht, nach einiger Zeit als unzutreffend erwiesen wird. Eben dies ist ja auch in den bekannt gewordenen Betrugsfällen geschehen. Es ist natürlich nicht gesagt, dass bei der Widerlegung eines gefälschten Ergebnisses stets auch entdeckt wird, dass eine Fälschung vorgenommen worden war. Aber auch wenn nur das Ergebnis selbst widerlegt wird und der Fälschungsakt unentdeckt bleibt, kann es zumindest in der weiteren Forschung niemanden mehr irreführen oder schädliche praktische Anwendungen zur Folge haben.

Die Leitfrage dieses Artikels war, ob die Wissenschaft nach der Wahrheit sucht. Ich habe zunächst dafür argumentiert, dass Aussagen objektiv wahr oder falsch sein können, dass es also eine objektive Wahrheit gibt. Man kann niemals Gewissheit darüber erlangen, dass man sie in einem einzelnen Fall erreicht hat. Doch kann man mit den Mitteln der Wissenschaft versuchen, sich dem Ziel der Wahrheit anzunähern. Die Wahrheit ist die regulative Idee der Wissenschaft. Es ist klar, dass nicht alle Ideen, die in der Wissenschaft vorgebracht werden, wahr sind. Die Forschung beschreitet unvermeidlich auch Irrwege. Und leider kommt auch die absichtliche Täuschung anderer vor. Dennoch kann man sagen, dass die gesamte Institution Wissenschaft die Wahrheit zum Ziel hat und ihr auch dient.

Literaturverzeichnis

Fröhlich, Gerhard; 2003: Wie rein ist die Wissenschaft? Fälschung und Plagiat im rauen Wissenschaftsalltag. In: Hannes Etzlstorfer/ Willibald Katzinger/ Wolfgang Winkler (Hg.): echt_falsch. Will die Welt betrogen sein? Wien. S. 72-93.
Gadenne, Volker; 2002: Hat der kritische Rationalismus noch etwas zu lehren? In: Jan Böhm/ Heiko Holweg/ Claudia Hoock (Hg.): Karl Poppers kritischer Rationalismus heute. Tübingen. S. 58-78.
Gergen, Kenneth J.; 1999: An Invitation to Social Construction. London.
Goodman, Nelson; 1978: Ways of Worldmaking. Indianapolis.
Goodman, Nelson; 1980: On Starmaking. In: Synthese, Jg. 45. S. 211-215.
Habermas, Jürgen; 1998: Richtigkeit vs. Wahrheit – Zum Sinn der Sollgeltung moralischer Urteile und Normen. In: Deutsche Zeitschrift für Philosophie, Jg. 46. S. 179-208.
Musgrave, Alan; 1993: Alltagswissen, Wissenschaft und Skeptizismus. Tübingen.
Popper, Karl; 1994: Logik der Forschung, 10. Aufl. Tübingen (Originalausgabe 1935).
Searle, John; 1997: Die Konstruktion der gesellschaftlichen Wirklichkeit. Reinbek bei Hamburg.
Wittgenstein, Ludwig; 1984: Philosophische Untersuchungen. Frankfurt/M. (Originalausgabe 1953).

Einführende Literatur zum Thema

Chalmers, Alan F.; 2001: Wege der Wissenschaft, 5. Aufl. Berlin.
Musgrave, Alan; 1993: Alltagswissen, Wissenschaft und Skeptizismus. Tübingen.

Meinrad Ziegler

Wahrheit, Sprache, Rhetorik.

Der schwierige Anspruch auf wahres Wissen in den Sozialwissenschaften

In dem Buch *Die künstlichen Wilden* diskutiert der amerikanische Anthropologe Clifford Geertz (1993) den rhetorischen Gestus anerkannter ethnographischer Texte im Rahmen von Kategorien, die üblicherweise bei der Beurteilung von erzählender Literatur zur Anwendung kommen. Die Überzeugungskraft einer wissenschaftlichen Studie sei eine Frage der Handschrift und der Fähigkeit, sich als Autor in einem Text zu etablieren. Natürlich sei das übliche Verfahren zur Erzielung eines Anscheins von Wahrheit und Glaubwürdigkeit noch weit verbreitet, nämlich das emsige Anhäufen von empirischem Material und das reichhaltige Berichten über Erfahrungen aus dem Feld. Unabhängig davon, ob Forscher oder Forscherinnen sich dieser Strategien bedienen, um ihren Darstellungen Gewicht zu verleihen, oder ob sie das nicht tun, diese Strategien seien keinesfalls der Grund dafür, dass wir ihre Bücher als interessant und lehrreich akzeptieren. Wichtiger sei, dass sie ihre Funktion als Autoren wahrnehmen und uns als Publikum davon überzeugen, am Ort des Geschehens gewesen zu sein, dort genau das gesehen zu haben, was wir – wären wir dort gewesen – auch gesehen hätten, und dabei eben das empfunden und gedacht zu haben, was wir in ihrer Lage auch empfunden oder gedacht hätten.

Geertz verweist uns in seinen Arbeiten darauf, dass Wissenschaft nicht einfach darin besteht, einmal entdeckte Tatsachen mit verschiedenen Begriffen und theoretischen Konzepten zu bearbeiten (vgl. 1973: 29f.). Eine solche Auffassung entwerfe eine Wirklichkeit, die nicht vorhanden sei. Sie wolle glauben machen, dass die Tatsachen als solche eine bestimmte Aussage oder Schlussfolgerung nahelegen. In Wahrheit seien es die Forschenden, die – indem sie als Autoren und Autorinnen agieren – die als relevant erachteten Tatsachen so auswählen und zusammenstellen, dass sie bestimmte Urteile und Erkenntnisse nahelegen und stützen.

Der folgende Beitrag greift die von Geertz aufgeworfenen kritischen Fragen im Hinblick auf die Wahrheitsansprüche der Wissenschaft auf. Beruhen die Wahrheiten, über die uns in wissenschaftlichen Arbeiten berichtet wird, tatsächlich auf einer bestimmten Konstellation der Wirklichkeit und ihrer Phänomene? Hängt die Überzeugungskraft der wissenschaftlichen Studien vor allem von der methodischen Durchführung und den sorgfältig angeordneten Daten ab? Oder geht ihre Wirkung vor allem von den Urteilen und rhetorischen Strategien aus, mit denen Forschende in ihrer Eigenschaft als Schriftsteller aus den Phänomenen ansprechende Darstellungen von der Wirklichkeit konstruieren? Welche Rolle spielen dabei jene konstruktivistischen Positionen, die unsere Fähigkeit zur Wahrnehmung der Realität bestreiten? In welchem Verhältnis steht Wahrheit zu Rhetorik?

Eine Einschränkung ist zu machen: Im Folgenden werde ich den Begriff „Anspruch auf Wahrheit" vermeiden und mehr über den „Anspruch auf Wahrheitsähnlichkeit" sprechen (vgl. Heller 1987). Die Wurzeln der Sozialwissenschaften liegen in dem Streben, systematisches Wissen über die Wirklichkeit zu erschließen, das in irgendeiner Form empirisch belegbar ist. Lange Zeit haben sie sich dabei an den Naturwissenschaften orientiert. Und das bedeutete, sich einerseits auf die Suche nach objektivem Wissen zu machen, das unabhängig von Zeit, Raum und Kontext gültig sein sollte, und andererseits methodische Anordnungen für die wissenschaftliche Arbeit vorzunehmen, die sichern würden, dass die Subjektivität der Forschenden die Daten nicht verzerre. Zwar entwickelten sich in der ersten Hälfte des 20. Jahrhunderts auch alternative theoretische Strömungen in den Sozialwissenschaften wie etwa der Symbolische Interaktionismus in den USA und die Kritische Theorie in den deutschsprachigen Ländern Europas, in denen sozialwissenschaftliche Theoriebildung und Forschung als Teil gesellschaftlicher Praxis reflektiert wurde (vgl. Horkheimer 1937; Jahoda 1938; Plummer 1996). Dominant für die expansive Entwicklung der Sozialwissenschaften blieb jedoch das Paradigma des Kritischen Rationalismus mit dem Ideal der einheitlich nach naturwissenschaftlichen Kriterien ausgerichteten Wahrheitssuche.

In den letzten Jahrzehnten verstärken sich die Zweifel daran, dass diese Vorgangsweise für die Sozialwissenschaften ein sinnvoller Weg ist. Auf diese Zweifel werde ich im Folgenden genauer eingehen. Sie sind letztlich – das gleich vorweg – damit verbunden, dass viele Forschende den Begriff der Wahrheit als realistisches Ziel ihrer Arbeit aufgeben. Vieles spricht für diese Zweifel und deshalb ist in diesem Text mehr von Wahrheitsähnlichkeit und weniger von Wahrheit die Rede. Realistisch ist, dass Wissenschaft gute Gründe benennen kann, dass die von ihr entwickelten Perspektiven auf bestimme soziale Phänomene oder Probleme plausibel sind, dass es sich also um glaubhafte Gründe handelt, und dass die Perspektiven geeignet sind, eine Orientierung für praktisches Handeln in der Realität zu geben. Was sind die „guten Gründe", auf die sich Sozialwissenschaften beim Anspruch auf Herstellung von Wahrheitsähnlichkeit berufen können? Die einfache und praktische Antwort darauf lautet: Wahrheitsähnlichkeit ist eine Konsequenz von Sozialforschung, die methodologisch auf der Höhe der Zeit arbeitet.

Die einfache Antwort hat Tücken. Die methodologischen Grundlagen der Sozialforschung sind heftig umstritten. Zentrale Kategorien wie Geschlecht (im Sinn von Zweigeschlechtlichkeit), Klasse oder Bildung sind soziale Konstruktionen, die wir über die Wirklichkeit legen. Inwieweit sich die Realität mit Hilfe dieser Konstruktionen angemessen untersuchen und darstellen lässt, ist keineswegs eindeutig. Sind die Daten, die Forschende angeblich sammeln, nicht immer auch ein Produkt, das von ihnen selbst hergestellt wird – mittels Fragebogen, Interviewleitfäden und anderen methodischen Interventionen, die in einer Untersuchung eingesetzt werden? Werden im Prozess des Beschreibens und Analysierens nicht jene Phänomene erst hervorgebracht, die Forschende vorgeben, zu untersuchen – eben weil theoretische Konstrukte angewendet werden, die mit den realen Phänomenen vielleicht wenig zu tun haben? Hat also der Vorgang, der „Beschreibung von Fakten" genannt wird, nicht tatsächlich mit einem *Einschreiben* von Bedeutungen in die Realität zu tun?

Es sind dies Kostproben von konstruktivistischen Argumenten (vgl. Denzin/ Lincoln 1994; Denzin 1996), die die Möglichkeit, über die soziale Realität ein wahrheitsähnliches Wissen herzustellen, grundsätzlich in Frage stellen. Vielfach haben solche Argumente das Ziel, ein kritisches Bewusstsein gegenüber einem überheblichen Wahrheitsanspruch jener Wissenschaft zu fördern, die sich als überlegene Weltsicht darzustellen versucht; beispielsweise wenn Kunst, Religion oder die Alltagsvernunft als naiv, uneffektiv oder beschränkt abgewertet werden. Die Absicht dieser Form von Wissenschaftskritik kann als redlich und lebensbejahend betrachtet werden. Im Folgenden werde ich ihr ein Stück weit folgen. Allerdings nicht so weit, dass wir in einem völligen Relativismus landen, aber dennoch weit genug, dass sich uns die Frage aufdrängt, ob nicht die Rhetorik doch als ein bedeutsames Moment der sozialwissenschaftlichen Forschung betrachtet werden muss. Und diese Frage werde ich am Schluss versuchen, auf eine nicht-relativistische Weise zu beantworten.

Das historische Versprechen der Sozialwissenschaften

Die Entstehung der Sozialwissenschaften ist ein Produkt des 19. Jahrhunderts. Sie war der Idee gewidmet, die Welt objektiver und wahrheitsähnlicher zu verstehen – mit dem jeweils mehr oder weniger laut ausgesprochenen Hintergedanken, dass dieses Verstehen auch dazu verhelfen würde, die Welt zu verbessern. Der soziale Kontext dieses Anspruchs ist der rasch fortschreitende Prozess der Industrialisierung in Westeuropa und Amerika, der nicht nur die ökonomischen Verhältnisse, sondern auch die sozialen Lebensgrundlagen revolutionierte. Es wächst das Bedürfnis der sich neu bildenden Nationalstaaten, über exakte Erkenntnisse als Grundlage für die

Planung von Politik und sozialem Fortschritt zu verfügen (vgl. Altrichter/ Kannonier-Finster/ Ziegler 2005; Wallerstein u.a. 1996). Die Naturwissenschaften waren mit ihrem Wissen über die Welt der Dinge, aus dem sich unmittelbar Nutzen für die praktische Anwendung ziehen ließ, zwar anerkannt. Dieses Wissen lieferte aber keine Hinweise für die Organisation und Rationalisierung des sozialen Wandels. Die Geisteswissenschaften, die sich auf die Entwicklung und Bewegung des Geistes und der Kultur konzentrierten, schienen von ihrem Gegenstand und von ihren Methoden her nicht geeignet, eine systematische Untersuchung von sozialen Gruppen und Institutionen, ihren Strukturen und den Formen des Einwirkens aufeinander und auf die soziale Umgebung zu leisten. Vor diesem historischen Hintergrund entwickelten sich jene Disziplinen, die wir mittlerweile als Sozialwissenschaften bezeichnen, also die Ökonomie, Soziologie, Politikwissenschaft und die Anthropologie. Sie können als Versuch verstanden werden, die neuen wirtschaftlichen, politischen und sozialen Veränderungen zu studieren, und – analog dem Erkenntnisanspruch der Naturwissenschaften – Gesetzmäßigkeiten des Sozialen zu entdecken. Die neue - nach Auguste Comte (1974) „positive" - Wissenschaft der Gesellschaft sollte aber nicht nur Erkenntnisse über soziale Regelmäßigkeiten für praktisches gesellschaftliches Handeln zur Verfügung stellen, sondern erhob auch den Anspruch, Ordnung und Fortschritt versöhnen zu können. Wissenschaftlich begründetes Wissen schaffe die Möglichkeit für sozialen Konsens und beseitige – durch die Anwendung auf soziale Probleme – die Ursachen für soziale und politische Unordnung.

Vor diesem historischen Hintergrund entwickelte sich die Hoffnung, dass die Sozialwissenschaften Schritt für Schritt in der Aufklärung über Gesetze und Regelmäßigkeiten des sozialen Lebens fortschreiten würden (vgl. Beck/ Bonß 1989). Würden die Sozialwissenschaften gefördert, stiege die Chance, in der Gestaltung von Gesellschaft auf einem vernünftigen Weg voran zu kommen. Ein Mehr an sozialwissenschaftlichem Wissen führe auch zu einem Ansteigen an Rationalität in politischen und institutionellen Planungs- und Entscheidungsprozessen. Insbesondere in den in den ersten Jahrzehnten nach dem Krieg und insbesondere ab den 60er Jahren des letzten Jahrhunderts haben sich sozialtechnologische Vorstellungen herausgebildet. Große Erwartungen knüpften sich an die Fähigkeit, durch sozialwissenschaftliche Vernunft soziale und politische Entwicklungen zu steuern und zu planen.

Mittlerweile müssen wir diese Erfolgsgeschichte jedoch mit größerer Nüchternheit lesen und die kritischen Stimmen jener, die schon früher auf den hermeneutischen Charakter der Sozialwissenschaften verwiesen haben, gewinnen neue Aktualität. Im voranschreitenden Prozess der Verwissenschaftlichung traten die Ambivalenzen dieses Unternehmens deutlich hervor. Der konzentrierte Einsatz von Wissenschaft und Forschung hat theoretisches und empirisches Wissen nicht eindeutiger und zwingender, sondern vielfältiger und auch unkontrollierter gemacht. Wissenslücken konnten geschlossen werden, aber zumindest ebenso viele Fragen sind dabei neu aufgebrochen. Die Sozialwissenschaften, so ist es heute weitgehend anerkannt, können – im Unterschied zu den Naturwissenschaften – nicht als kumulatives Unternehmen verstanden werden (vgl. Giddens 1984). Erkenntnisfortschritte kommen kaum dadurch zustande, dass neues Wissen systematisch auf dem älteren aufbaut, es korrigiert oder verbessert. Wir nähern uns in der sozialwissenschaftlichen Forschung nicht linear voranschreitend den definitiven Lösungen für soziale Probleme oder für Lücken in unserem Wissen. In der sozialen Wirklichkeit stellen sich stattdessen „alte" Probleme immer wieder neu, weil sich die sozialen Kontexte ständig verändern. Das macht das vorhergehende „richtige" Wissen nicht irrelevant oder „falsch"; es muss jedoch entsprechend den sich wandelnden Gegebenheiten neu interpretiert und transformiert werden. Beispielsweise hat sich unser aktuelles Wissen über Probleme der Demokratie unter den Bedingungen der Herausbildung von Nationalstaaten entwickelt. Heute stehen wir vor der Frage, wie Demokratie unter den Bedingungen der Globalisierung organisiert werden könnte. Demokratie im „alten" Sinn heißt: die Assoziation einer abgegrenzten Gemeinschaft auf der Basis einer geordneten Selbstführung. Diese Bedingungen lassen sich heute praktisch nicht mehr realisieren. Wir leben in einer wirtschaftlichen und kulturellen Dynamik, in der juristische, soziale und politische Grenzen an Bedeutung verlieren. Damit sind unsere traditionellen Wahrheiten über demokratische Regeln und Prozesse nicht entwertet oder veraltet, müssen aber neu interpretiert und modifiziert werden.

Es gibt einen weiteren Grund für die wachsende Skepsis in der gesellschaftlichen Öffentlichkeit gegenüber der Fähigkeit von Wissenschaft, der Wahrheit näher zu kommen. Als Konsequenz sowohl ihres Erfolges wie auch als Voraussetzung weiterer Entwicklungen vertiefen sich die Verbindungen und Abhängigkeiten zwischen der Wissenschaft und den Institutionen der wirtschaftlichen und politischen Macht. Wissenschaft steht mit ihrem Wissen und ihrer Forschung nicht außerhalb der gesellschaftlichen Praxis. Sie wird vielfach dazu benützt, Entscheidungen zu legitimieren, die nach anderen Kriterien als richtigem Wissen getroffen werden. Nicht zuletzt aus diesem Grund fällt in Diskussionen häufig das kritische Argument, Wahrheit sei eine Frage der Macht.

Begründete Skepsis an der Einlösung des Versprechens

Die Ambivalenz im Hinblick auf Wissenschaft und Herstellung von wahrem Wissen hat nicht nur die kritische gesellschaftliche Öffentlichkeit erfasst, sondern auch das Wissenschaftssystem selbst. Auch innerhalb der wissenschaftlichen Diskurse mehren sich die Zweifel an den traditionellen erkenntnistheoretischen Grundlagen der Sozialwissenschaften. Ist das naturwissenschaftliche Denken wirklich ein geeignetes Modell für die Suche nach Wahrheit? Sollten wir den Anspruch auf vollständige Erkenntnis nicht überhaupt aufgeben? Sollten wir Wissenschaft nicht besser als eine neue Form der Religion oder Ideologie betrachten?

Ich benenne zwei begründete Zweifel an den traditionellen Ansprüchen auf Wahrheit in den Sozialwissenschaften.

a. Probleme des traditionellen Anspruchs auf objektive Erkenntnis

Das Konzept des traditionellen Objektivismus kommt aus dem Bereich der Naturwissenschaften. Dort sind die sozialen Gegebenheiten der Forschung tatsächlich so, dass das Ideal von Objektivität grundsätzlich denkmöglich erscheint: Forschende beobachten eine andere Lebensform, in die sie nicht direkt involviert sind. Die Objekte der natürlichen Welt können als vollständig getrennt von der sozialen Welt betrachtet werden. Allerdings widersprechen neuere Entwicklungen in den Naturwissenschaften dieser Sichtweise und betonen die Unmöglichkeit, den Standort der Beobachtenden gegenüber ihren Objekten völlig unberücksichtigt zu lassen.

Für die Sozialwissenschaften erscheint die Möglichkeit einer strikten Trennung zwischen Subjekt und Objekt der Forschung weder logisch noch realistisch.

Die Forschenden sind Teil der Welt, die sie untersuchen. Sie stehen ihr nicht äußerlich gegenüber. Eine quasi apparateförmige Beobachtung ist nicht möglich. Die wissenschaftliche Beobachtung ist grundsätzlich kontextuell. Das kulturelle und individuelle Vorwissen ebenso wie Vorstellungen, wie die Dinge sein sollten, fließen in die Wahrnehmung ein und formen sie.

Zwei Beispiele dazu, wie diese Prozesse praktisch funktionieren.

Machen wir ein Experiment (vgl. Schnabl 2009). Was sehen wir bei der folgenden Buchstabenkombination?

„Leesn Sie Enimal deiesn Txet. Wtteen, Sie vetsehern ihn, owbhol er egitenilch uverntsädnilch ist?"

Der britische Sprachwissenschaftler Graham Rawlinson zeigt anhand solcher Vertauschungen von Buchstaben, wie stark unser Leseverständnis von Vorwissen geprägt ist. Lesen ist – wie jede Wahrnehmung – ein Prozess der Konstruktion. Oder anders formuliert: Beobachtung ist nicht objektiv abbildend, sondern untrennbar mit Interpretation verbunden. In diesem Prozess der Deutung steht unser Realitätssinn unter dem Einfluss von Erwartungen, wie die Realität sich entsprechend dem, was wir bereits von ihr wissen, darstellt oder wie wir sie gerne sehen würden.

Ein anderes Beispiel: Der ungarisch-amerikanische Anthropologe Georges Devereux hat in seinem Buch *Angst und Methode in den Verhaltenswissenschaften* (1984) untersucht, welche Verzerrungen in wissenschaftlichen Erkenntnissen entstehen, wenn Forschende die Möglichkeit, dass sie die untersuchten Daten selbst beeinflussen könnten, systematisch ignorieren. Studien von amerikanischen Anthropologen über die Kultur der Prärieindianer betonten lange Zeit deren Kriegskunst und ihre Tapferkeit. Es entstand der Eindruck, dass kriegerische Aktivitäten das soziale Leben der Stämme in hohem Ausmaß bestimmten. Tatsächlich waren das Vordringen der weißen Einwanderer in die westlichen Gebiete Nordamerikas und das Bemühen, die indigene Bevölkerung ihrer Herrschaft zu unterwerfen, die Ursache für dieses Phänomen. Die Notwendigkeit, sich gegen den besser bewaffneten und ausgebildeten Gegner zur Wehr setzen zu müssen, zwang die Indianer, alle Ressourcen und Kreativität auf Strategien des Kampfes zu konzentrieren. Sie veränderten kurzfristig ihre Lebensform. Die Weißen hatten also das Phänomen, das sie zu entdecken glaubten, selbst produziert.

b. Die Verabschiedung der „Wahrheit da draußen"

Das naturwissenschaftliche Modell legt uns eine ganz bestimmte Vorstellung von Wahrheit nahe. Mit dem Anspruch, die Welt direkt wie durch eine verspiegelte Glasscheibe zu beobachten, korrespondiert die Hoffnung auf eine Wahrheit, die unabhängig von den Beobachtenden selbst „da draußen" existiert und gefunden werden kann.

Unter dem Stichwort von der *Krise der Repräsentation* entwickelt sich in den USA gegen Ende der 1970er Jahre eine rege Diskussion darüber, bis zu welchem Grad die sozialwissenschaftliche Forschung überhaupt beanspruchen könne, eine unabhängige soziale Realität zu repräsentieren (vgl. Denzin/ Lincoln 1994; Denzin 1996). Drei erkenntnistheoretische Wendepunkte lassen sich nennen, die seit den 1970er Jahren die Frage nach einer angemessenen methodologischen Grundlage für die Sozialwissenschaften in Abgrenzung zum traditionellen naturwissenschaftlich orientierten Verständnis empirischer Forschung vorangetrieben haben (vgl. Ziegler 2000):

Erstens betont die sprachliche Wende *(linguistic turn)*, dass die soziale Wirklichkeit weit davon entfernt ist, sich mit der Sprache zu decken, in der sie beschrieben wird. Sprache hat keine abbildende, sondern im Gegenteil eine Welt-erschließende Funktion. Damit verbunden ist die Einsicht, dass wir aus Sprache nicht heraustreten können. Die Sprache als Medium der Darstellung und Kommunikation von Wissen ist unhintergehbar. Bei allen Verweisen auf die „nackte" Wirklichkeit als Referenz für Aussagen sind wir an Sprache und Kommunikation gebunden. Es gibt keinen ungefilterten Zugriff auf Objekte und Einheiten der Welt unabhängig von dem sprachlich verfassten Kontext und der Verständigungspraxis.

Zweitens verweist uns die interpretative Wende *(interpretative turn)* darauf, dass keine sprachliche Aussage über die Wirklichkeit als objektive Beschreibung derselben gelten kann, sondern notwendig an den sozialen, historischen und persönlichen Standort des Beschreibenden gebunden bleibt. Es steht die Frage zur Diskussion, mit welchem Recht wir die eine Interpretation über ein soziales Phänomen gegenüber einer anderen, konkurrierenden Interpretation als besser oder angemessener bezeichnen dürfen.

Drittens macht uns der *literary* und der *narrative turn* darauf aufmerksam, dass wissenschaftliche Aussagen nicht nur einen inhaltlichen Gehalt haben, sondern auch vom Aspekt der Darstellungsform berührt werden. Hier geht es einerseits um das Problem, welche Bedeutung der rhetorische Stil einer Beschreibung für die praktische Überzeugungskraft einer Aussage hat, und andererseits darum, in welcher Weise unterschiedliche narrative Formen die beschriebenen Ereignisse selbst strukturieren.

In der Konsequenz deuten diese Wendepunkte auf Folgendes (vgl. Singer 2005; Burke 1991; Hammersley 1992): Es gibt keine beobachterunabhängige, sprach- und kontextfreie Erkenntnis, weil wir keinen direkten Zugriff auf die uns in der Welt entgegentretenden Phänomene haben. Die Sozialwissenschaften arbeiten mit einer Fülle von Begriffen und Konzepten, die hohen theoretischen Erkenntniswert haben, für die jedoch eine unmittelbare Entsprechung mit Tatsachen kaum möglich ist. „Kultur" oder „Macht" bedeutet beispielsweise je nach Kontext der Verwendung und je nach Interpretation von Forschenden nicht das Gleiche. Wie immer wir etwas definieren, natürliche Objekte wie „Baum" oder „Katze" oder gemachte Objekte wie „Auto" oder „Hörgerät" oder auch soziale Phänomene wie AIDS, die globale Erwärmung oder theoretisch geladene Konzepte wie die Kategorien „Geschlecht" oder „Hass der armen Völker auf den Westen" – es handelt sich um Benennungen eines Phänomens, nicht um Widerspiegelungen. Beim Benennen beziehen wir uns in einer Weise auf das Phänomen, dass wir – vermittelt durch unser Vorstellungsvermögen, durch sprachliche Konventionen, in denen wir sozialisiert wurden – von demselben sprechen können. In diesem Sinn „konstruieren" wir Begriffe und theoretische Konzepte. Die Wirklichkeit selbst gibt für die Herstellung unserer Klassifikationen eine Reihe von Bedingungen vor. Zu erkennen, dass unser Wissen über die Realität durch Sprache vermittelt und gebrochen ist, bedeutet keineswegs, an der Existenz einer Realität überhaupt zweifeln zu müssen. Diese Sichtweise ist auch mit einem Realismus vereinbar, der davon ausgeht, dass die Wirklichkeit in ihrer Beschaffenheit nicht davon abhängig ist, wie wir sie auffassen und was wir über sie behaupten.

Nach der linguistischen Wende können wir jedoch nicht mehr davon ausgehen, dass die Klassifizierung von Phänomenen sprach- und kontextfrei gedacht werden kann. Und die interpretative Wende macht deutlich, dass die Bezeichnung von sozialen Tatsachen an Beschreibungen gebunden ist. Alle beschreibenden Aussagen und Sätze weisen auf ein Phänomen nicht nur hin, sondern interpretieren dieses zugleich. Die Interpretation repräsentiert demnach nicht die Realität, sondern eine Auffassungsweise der Realität, die sich gewissermaßen „wie ein Sprachgitter" über das in der Sprache nicht darstellbare Original legt (vgl. Frank 1988: 40). Vor diesem Hintergrund ist in den Sozialwissenschaften allgemein anerkannt, dass alle Sachverhaltsdarstellungen theorieabhängig sind. Insofern dürfen wir in den Sozialwissenschaften nicht auf „Entsprechung" oder „Übereinstimmung mit Tatsachen" hoffen, weil es die Tatsachen nicht gibt, die einem brauchbaren Begriff oder einem bewährten Wissen entsprechen würden.

Eine realistische Sicht auf die Sozialwissenschaften

Wie können die Sozialwissenschaften in dieser Situation den Anspruch aufrecht erhalten, mit wissenschaftlicher Forschung ein objektiviertes Wissen herzustellen? Jedes wissenschaftliche Wissen erscheint an einen Standort und an raumzeitliche Kontexte gebunden, was die Vorstellung einer subjektunabhängigen Erkenntnis zerbrechen lässt. Zugleich erleben viele den völligen Relativismus als logische Folge einer Bodenlosigkeit des Konstruktivismus nicht als attraktive Alternative.

Ich beziehe mich im Folgenden auf einen Vorschlag der ungarisch-amerikanischen Sozialphilosophin Agnes Heller (1987), die die Sozialwissenschaften als grundlegend hermeneutische Wissenschaft versteht. Im Hinblick auf unser Problem macht sie den Versuch, die mögliche Wahrheitsähnlichkeit von wissenschaftlichen Aussagen mit Hilfe von zwei unterschiedlichen Aspekten des Wissens zu bestimmen, dem Kernwissen und dem Ringwissen.

Ring und Kern sind als zwei Aspekte eines Ganzen zu betrachten, die praktisch nicht trennbar sind. Die Vorstellung, dass diese Begriffe identisch seien, einerseits mit den empirischen Fakten und andererseits mit dem theoretischen Rahmen, in dem diese Fakten interpretiert werden, weist Heller ausdrücklich zurück.

Das *Kernwissen* ist jenes Wissen, das prinzipiell jedem Menschen zugänglich ist, unter der Voraussetzung, dass alle verfügbaren Zeugen gehört, alle relevanten Daten studiert und dabei auch alle erdenklich möglichen Perspektiven berücksichtigt werden würden. Dieser Aspekt des Wissens ist mit dem Anspruch auf Objektivität, der in den Sozialwissenschaften erhoben werden kann, eng verbunden. Es handelt sich um Quellen, Beobachtungsdaten und bereits vorhandenes Forschungswissen zu einem Forschungsproblem, die grundsätzlich im Rahmen einer kritischen Prüfung nachvollzogen werden könnten. In diesem Bereich des Wissens ist es möglich, den

Anspruch auf wahrheitsähnliches Wissen grundsätzlich anzuerkennen oder zu verweigern. Werden etwa bei einer Behauptung über ein Phänomen bestimmte Quellen, die als relevant zu betrachten sind, systematisch ignoriert, so kann diese Behauptung mit guten Gründen als falsch zurückgewiesen werden.

Das *Ringwissen* hat dagegen die spezielle Eigenschaft, „Sinn zu stiften, weil es die Elemente der Originalität, Innovation, Neuheit und Überraschung, mit anderen Worten: die Elemente des Unerwarteten, des Phantasievollen dem Kern anlagert" (ebd.: 432). Diese Form des Wissens ist mit Einsicht, Theorie, Interpretation und Verstehen verbunden. Es entsteht vor dem Hintergrund eines bestimmten Standpunktes, einer speziellen Perspektive oder einem besonderen kulturellen Interesse und damit auf der Basis einer gewissen Lebenserfahrung, die individuell und kollektiv erworben werden kann. Ringwissen ist entscheidend dafür, wie an den Bereich des potenziellen Kernwissens herangegangen wird, und welche Teile des verfügbaren Kernwissens als relevant erachtet werden und welche nicht. Im Hinblick auf diesen Aspekt des Wissens ist nicht zu erwarten, dass alle Forschenden zur gleichen Einsicht und zur gleichen Erkenntnis kommen werden.

Jede sozialwissenschaftliche Arbeit verfügt nicht nur über die eine oder die andere Form des Wissens, sondern über beide Formen. Die entscheidende Frage ist, in welchem Verhältnis Kern- und Ringwissen zueinander stehen. Eine Arbeit, in der der Kern mächtig und der Ring dünn ist, bietet zwar ein hohes Ausmaß an exakter Information und ordnet diese in unterschiedlichen Perspektiven an. Eine solche Arbeit vermag aber kaum Einsicht darüber zu vermitteln, wie die Information aus einer konkret eingenommenen Perspektive heraus zu bewerten und sinnhaft anzueignen ist. Eine entsprechende Arbeit wird, so Heller, korrekt aber langweilig, zwar informativ aber unwichtig erscheinen. Es ist Teil des Ringwissens, aus der Gesamtheit des potenziell möglichen Kernwissens die richtige und bewährte Information auszuwählen. Diese Information wird mit Theorie, Interpretation und Einsicht angereichert, sodass die Gesamtarbeit eine Gestalt bekommt, die Orientierung in der Vielfalt der Wirklichkeitskonstruktionen ermöglicht. Überwiegt jedoch die Stärke des Ringes deutlich gegenüber dem Kern, so bewegt sich die Arbeit mehr in Richtung Fiktion, Literatur oder Ideologie und kann in diesem Sinne auch als wissenschaftliche Erkenntnis widerlegt werden – was keineswegs bedeutet, dass solche Arbeiten überhaupt keinen Erkenntniswert haben können.

Autorenschaft und der Stellenwert der Rhetorik

Wir können nun zwischen den Polen eines naiven Realismus auf der einen Seite und einem konstruktivistischen Anti-Realismus oder Relativismus auf der anderen Seite die Position eines „differenzierten Realismus" beziehen (vgl. Hammersley 1992). Diese grenzt sich von einem naiven Realismus insofern ab, als sie die Vorstellung zurückweist, Forschende könnten einen direkten Zugang zu sozialen Phänomenen gewinnen und auf diese Weise den Anspruch auf Wahrheit ihres Wissens aufrechterhalten. Vom Relativismus unterscheidet sich diese Form des Realismus, weil er Wissen als Form der Repräsentation anerkennt, in der sowohl das erkennende Subjekt als auch das Erkenntnisobjekt enthalten sind (vgl. Hammersley 2008). Der konstruktivistische Anti-Realismus betrachtet dagegen Wissen in erster Linie als eine Widerspiegelung der Eigenschaften des Subjekts.

In den Sozialwissenschaften ist von einer grundsätzlichen Nicht-Identität zwischen Begriff und Gegenstand auszugehen. Unter diesem Gesichtspunkt ist es nicht sinnvoll, im Forschungsprozess davon auszugehen, dass Theorien über soziale Phänomene den Status von unzweifelhaften Wahrheiten annehmen können. Erreicht werden kann bestenfalls ein wahrheitsähnliches Wissen, und zwar dann, wenn dieses Wissen im Rahmen der anerkannten Normen für die Forschung entstanden ist, in seinen Kernbeständen intersubjektiv überprüfbar ist und im Hinblick auf seine Plausibilität dem Urteil der kritischen Öffentlichkeit standhält.

Sind wir bereit, die Bedeutung von Standort, Perspektivität und Sprachlichkeit des Wissens anzuerkennen, taucht notwendig die Frage nach der Autorenschaft, der Kunst der Darstellung und der Rhetorik als relevanter Aspekt des wissenschaftlichen Wissens auf: Der Wert des wissenschaftlichen Wissens ergibt sich nicht alleine daraus, *was* behauptet wird und ob das Wissen im Rahmen der anerkannten wissenschaftlichen Regeln hervorgebracht wurde. Er ist auch abhängig davon, *wie* etwas behauptet wird, also von der Form der Darstellung und den sozialen Kontexten, in denen die sprachlichen Äußerungen eingebunden sind.

Spontan reagieren wir auf diesen nun auftauchenden Zusammenhang mit Unruhe. Rhetorik wird heute vielfach als Instrument der Manipulation und Kontrolle der öffentlichen Meinung betrachtet. Diese Sichtweise geht auf Platos Angriff auf die Sophisten, darunter insbesondere auf Gorgias, zurück, die behaupteten, sie könnten zu jedem Thema alle Zuhörenden in die von ihnen gewünschte Richtung führen (vgl. Ottmers 1996). Rhetorik gilt uns als tendenziell unerwünscht oder gar unethisch in Auseinandersetzung um Sachfragen. Sie erscheint als unvereinbar mit der Suche nach Wahrheit. Nicht selten gilt deshalb eine einfache, verständliche Form des wissenschaftlichen Schreibens als Indikator für Oberflächlichkeit des Wissens. Rhetorische Sprache vereinfache die Komplexität der Realität; das sei für den Alltagsverstand angemessen, in der Wissenschaft jedoch suggeriere sie Klarheit und Transparenz, wo eine solche nicht zu finden sei. Die Rhetorik steht im Verdacht, ein Instrument der Irreführung zu sein. Sie gilt uns nicht als Mittel, um die Suche nach Erkenntnis zu fördern.

Diese Einschätzung geht nicht unmittelbar auf die Theorie und Praxis der Rhetorik in der griechischen Antike zurück. Platos Kritik an der Rhetorik war keineswegs unbestritten. Vor allem wurde ihm gegenüber geltend gemacht, dass die im Hinblick auf Wahrheitsfragen relativistischen Sophisten nicht für die Rhetorik insgesamt stehen würden (vgl. Hammersley 2008; Gadamer 1983). Rhetorik und Verpflichtung auf Einsicht und Erkenntnis sei grundsätzlich vereinbar.

Rhetorik als Kunst der Rede – und des Schreibens, wie wir heute in der modernen Zivilisation hinzufügen können – entwickelt sich vor dem Hintergrund der Einführung der Demokratie im antiken Griechenland (vgl. Ottmers 1996; Gadamer 1983). Der soziale Kontext, in dem Wissen und Erfahrung der Rhetorik entsteht, ist die demokratische Meinungsbildung und Entscheidungsfindung in den Ratsversammlungen der Bürger der Polis. Verschiedene Redner verhandeln Sachfragen des Gemeinwesens, versuchen andere von ihrem Standpunkt zu überzeugen. Der Wechsel von Rede und Gegenrede soll das Für und Wider einer Angelegenheit deutlich machen und auf dieser Basis zu einer Entscheidung führen. Aristoteles geht davon aus, dass die Rhetorik ein geeignetes Mittel sei, jene Plausibilität zu erzeugen, die eine Aussage oder einen Text glaubhaft oder wahrscheinlich mache (vgl. Ottmers 1996: 9f.). Als wirksame Werkzeuge für eine entsprechende Darstellung des eigenen Standpunkts gelten ihm Informationen über Sachverhalte ebenso wie unterhaltsame und ästhetische Präsentationen oder der Appell an Affekte. Die Frage nach der Wahrheit hat bei Aristoteles in der Rhetorik keinen Platz, nicht weil sie belanglos wäre, sondern weil sie kein Kriterium in der Abfolge von Rede und Gegenrede sein könne. In der antiken Ratsversammlung werden vor allem normative Fragen diskutiert, die kein eindeutiges Urteil im Sinn von „wahr" oder „unwahr" zulassen. Es gibt aber die Überzeugung, dass der Austausch von Argumenten dazu führen könne, im Gesamtprozess einer Debatte zu einer möglichst objektiven Entscheidung zu kommen. Unter diesem Gesichtspunkt anerkennt Aristoteles eine Erkenntnisfunktion der Sprache (vgl. Gadamer 1983). Für den Menschen repräsentiere die Sprache auch die Vernunft. Mit ihr können wir Sachverhalte offenbar machen und die Dinge als das erkennen, was sie sind. Rhetorik handelt demnach vom Vertreten einer Meinung, eines Standpunktes bei Dingen, die nicht zu beweisen sind (vgl. Gadamer 2002: 59ff.). Es geht ihr keineswegs darum, jemand *gegen* die Wahrheit zu überzeugen, oder darum, etwas Unwahres zu beweisen.

Der Generalverdacht, unter dem die Rhetorik heute steht, ist also kein Erbe der Antike. Er hat sich zu einem späteren Zeitpunkt durchgesetzt, nämlich im Zusammenhang mit dem Aufkommen des naturwissenschaftlichen Rationalismus. Das 17. Jahrhundert brachte mit René Descartes und Isaac Newton die Idee einer Erfahrungswissenschaft mit einem neuen Methodenideal: Dazu gehörten das Nachdenken über individuelle Sinnes- und Bewusstseinsdaten, die Anwendung von mathematischen Grundentwürfen auf die Natur und die Naturvorgänge sowie die Suche nach allgemeinen Ideen und Grundsätzen (vgl. Toulmin 1994; Gadamer 1983). Die Einführung dieses naturwissenschaftlichen Rationalismus bedeutete einen radikalen Bruch mit den bis dahin gebräuchlichen Methoden der Erkenntnissuche. Rund fünfzig Jahre vor Descartes entstehen die Essays von Michel de Montaigne (vgl. Toulmin 1994). Auch er war ein radikaler Individualist im Denken, aber zugleich war für ihn selbstverständlich, sich mit den narrativen Berichten aus der Völkerkunde, der Erdkunde und Geschichte auseinanderzusetzen. Seine Einsichten und Erkenntnisse bildeten sich gewissermaßen im Dialog mit anderen Erfahrungen. Für Descartes dagegen war das Material, das andere, nicht-mathematische Disziplinen liefern konnten, von geringem Wert; es erweitere bestenfalls das Wissen, vertiefe es aber nicht.

Stephen Toulmin (vgl. ebd.) spricht im Hinblick auf die Wende vom 15. zum 16. Jahrhundert von einem Übergang von einer humanistischen Moderne zu einer wissenschaftlichen Moderne. Und in diesem Übergang entsteht ein bis dahin neues Spannungsverhältnis zwischen Sprache und Erkenntnis. Folgen wir der hier entwickelten Argumentation, dass wir von einer berechtigten Skepsis an der Wahrheit „da draußen" ausgehen müssen, dann bedeutet das jedenfalls für die Sozialwissenschaften eine Art von Rehabilitation der Rhetorik. Eine „Art" von Rehabilitation deshalb, weil rhetorische Plausibilität nicht mit Plausibilität in der Wissenschaft identisch gesetzt werden sollte. Plausibilität als Ergebnis von Sozialforschung gehorcht anderen Kriterien; dem empirischen Bezug kommt ein höheres Gewicht zu. Zugleich aber ist die Berufung auf eine empirische Datenlage keineswegs ein zwingendes Argument für Wahrheitsähnlichkeit. Empirische Daten sind weit davon entfernt, eine soziale Realität unmittelbar zu repräsentieren. Sie liegen als solche in der Realität nicht vor. Es sind die von den Forschenden jeweils gewählten Instrumente und ihre theoretischen Konzepte, die diese Daten herstellen oder „konstruieren". An diesem Konstruktionsprozess sind der persönliche Standort der Forschenden ebenso wie von ihnen bevorzugte theoretische Perspektiven und sprachliche Kontexte wesentlich beteiligt.

Schlussbemerkung

Wie lässt sich zusammenfassend die schwierige Frage nach dem Anspruch auf wahrheitsähnliches Wissen in den Sozialwissenschaften beantworten?

In den Sozialwissenschaften haben wir es *erstens* häufig mit einem Wissen zu tun, das nicht eindeutig belegbar ist. In der quantifizierenden Forschung wird stets mit Wahrscheinlichkeiten und in der qualitativen Forschung mit begründeter Plausibilität von Interpretationen argumentiert. Vor diesem Hintergrund ist es sinnvoll, nicht von wahrem Wissen, sondern von wahrheitsähnlichem Wissen zu sprechen. Ein solches Wissen entsteht auf der Basis bewährter Methoden und stellt in diesem Sinn systematisch in der Auseinandersetzung mit der äußeren Realität entwickeltes Wissen dar.

Es ist *zweitens* nicht unabhängig von der Perspektive und der Urteilskraft der Forschenden. Daran kann die Arbeit mit bewährten Methoden nichts ändern. Die Hoffnung auf eine beobachterfreie objektive Erkenntnis ist eine große Illusion.

Vor diesem Hintergrund sollten Forschende *drittens* sensibel dafür sein, in welcher Weise sie selbst an der Herstellung von Wissen beteiligt sind. Die Beteiligung stellt sich nicht notwendig als bewusste Absicht im Sinn von Manipulation von Forschungsergebnissen dar. Sie gibt sich auch hinter dem Rücken der Agierenden aus dem Prozess der sozialen Konstruktion des Wissens. Pierre Bourdieu (vgl. 1993: 271) hat in diesem Zusammenhang auf ein Moment der Beteiligung aufmerksam gemacht, das mit der sozialen Position von Forschenden zusammenhängt: Ein soziales Problem zu denken und zu erforschen, ist etwas anderes als mit diesem Problem praktisch zu tun zu haben. Diese Differenz bringt die Gefahr mit sich, dass die Forschenden, ohne es zu wissen, ihre eigene Denkweise an die Stelle der Denkweise der von ihnen analysierten Handelnden setzen. Indem Forschende die untersuchten Akteure nach ihrem eigenen Bild denken, verfehlen sie ihren Gegenstand oder das Problem als praktische Realität.

Viertens stehen rhetorische Strategien in sozialwissenschaftlichen Arbeiten, wie sie etwa eingangs von Geertz beschrieben wurden, keineswegs in einem grundsätzlichen Widerspruch zum Anspruch auf wahrheitsähnliches Wissen. Vor allem im Bereich des Ringwissens, das Heller als Einsicht und Verstehen durch Theorie und persönliche Interpretation konzipiert, ist Rhetorik von Bedeutung. Ringwissen beruht nicht auf allgemein zugänglichen Belegen; es wird über Sprache und Argument vermittelt.

Und schließlich verdient *fünftens* die Kunst der Rede und des Schreibens in der Wissenschaft mehr Beachtung als sie gegenwärtig haben. Es geht dabei sowohl um die Ebene der Erkenntnisfindung wie auch um die Ebene der Darstellung von Erkenntnis. Im Hinblick auf die Erkenntnisfindung ist Rhetorik wichtig, weil Forschung vom Dialog lebt, oder wie Hans-Georg Gadamer es formuliert hat: Forschung ist eine „Fortsetzung des Dialogs mit anderen Mitteln" (Gadamer 1983: 159). Im Hinblick auf die Darstellung ist Rhetorik in den Sozialwissenschaften wichtig, weil diese Disziplinen damit ihren lebensweltlichen und praktischen Bezug stärken können. Sozialwissenschaften sind keine Wissenschaften, deren Erkenntnisse in erster Linie für Spezialisten von Bedeutung sind. Ihr Wissen ist geeignet, zur Selbsterkenntnis der modernen Gesellschaften beizutragen. Indem sie sich mit einer entsprechenden Sprache an die breite Öffentlichkeit wenden, können Sozialwissenschaftlerinnen und Sozialwissenschaftler ihrer gesellschaftlichen Verantwortung nachkommen.

Literaturverzeichnis

Altrichter, Herbert/ Kannonier-Finster, Waltraud/ Ziegler, Meinrad; 2005: Das Theorie-Praxis-Verhältnis in den Sozialwissenschaften im Kontext professionellen Handelns. In: Österreichische Zeitschrift für Soziologie, Jg. 30, Heft 1. S. 22- 43.

Beck, Ulrich/ Bonß, Wolfgang; 1989: Verwissenschaftlichung ohne Aufklärung? Zum Strukturwandel von Sozialwissenschaft und Praxis. In: Dies. (Hg.): Weder Sozialtechnologie noch Aufklärung? Analysen zur Verwendung sozialwissenschaftlichen Wissens. Frankfurt/M. S. 7–45.

Bourdieu, Pierre; 1993: Narzißtische Reflexivität und wissenschaftliche Reflexivität. In: Eberhard Berg/ Martin Fuchs (Hg.): Kultur, soziale Praxis, Text. Die Krise der ethnographischen Repräsentation. Frankfurt/M. S. 365-374.

Burke, Peter; 1991: History of Events and the Revival of Narrative. In: Ders. (Ed.): New Perspectives on Historical Writing. Cambridge. S. 233-248.

Comte, Auguste; 1974: Die Soziologie. Die positive Philosophie im Auszug. Hgg. von Friedrich Blaschke (erstmals 1830-1842). Stuttgart.

Denzin, Norman K.; 1996: Interpretative Ethnography. Ethnographic Practices for the 21st Century. Thousand Oaks/ London/ New Delhi.

Denzin, Norman K./ Lincoln, Yvonna S.; 1994: Introduction: Entering the Field of Qualitative Research. In: Dies. (Hg.): Handbook of Qualitative Research. Thousand Oaks/ London/ New Delhi. S. 1-17.

Devereux, Georges; 1984: Angst und Methode in den Verhaltenswissenschaften. Frankfurt/M.

Frank, Manfred; 1988: Die Grenzen der Verständigung. Ein Geistergespräch zwischen Lyotard und Habermas. Frankfurt/M.

Gadamer, Hans-Georg; 1983: Die Ausdruckskraft der Sprache. Zur Funktion der Rhetorik für die Erkenntnis. In: Ders.: Lob der Theorie. Reden und Aufsätze. Frankfurt/M. S. 149-161.

Gadamer, Hans-Georg; 2002: Die Lektion des Jahrhunderts. Ein Interview von Riccardo Dottori. Münster.

Geertz, Clifford; 1973: Dichte Beschreibung. Bemerkungen zu einer deutenden Theorie von Kultur. In: Ders.: Dichte Beschreibung. Beiträge zum Verstehen kultureller Systeme. Frankfurt/M. 1987. S. 7-43.

Geertz, Clifford; 1993: Die künstlichen Wilden. Der Anthropologe als Schriftsteller. Frankfurt/M.

Giddens, Anthony; 1984: Interpretative Soziologie. Eine kritische Einführung. Frankfurt/ New York.

Hammersley, Martyn; 1992: What's wrong with Ethnography? Methodological explorations. London/ New York.

Hammersley, Martyn; 2008: Is qualitative research just rhetoric? In: Ders.: Questioning Qualitative Inquiry. London. S. 145-157.

Heller, Agnes; 1987: Von einer Hermeneutik in den Sozialwissenschaften zu einer Hermeneutik der Sozialwissenschaften. In: Kölner Zeitschrift für Soziologie und Sozialpsychologie, Jg. 39. S. 425-451.

Horkheimer, Max; 1937: Traditionelle und kritische Theorie. In: Alfred Schmidt (Hg.); 1968: Kritische Theorie. Eine Dokumentation. Bd. II. Frankfurt/M. S. 137-191.

Jahoda, Marie; 1938: Überlegungen zu Marienthal. In: Dies.: Sozialpsychologie der Politik und Kultur. Ausgewählte Schriften. Hgg. und eingeleitet von Christian Fleck. Graz/ Wien 1994. S. 261-274

Ottmers, Clemens; 1996: Rhetorik. Stuttgart.

Plummer, Ken; 1996: Symbolic Interactionism in die Twentieth Century: The Rise of Empirical Social Theory. In: Bryan S. Turner (Ed.): The Blackwell Companion to Social Theory. Oxford (UK)/ Cambridge (US). S. 223-251.

Schnabl, Ulrich; 2009: Was ist Realität?. In: Die Zeit/ Wissen, Nr. 1. S. 17.

Singer, Mona; 2005: Geteilte Wahrheit. Feministische Epistemologie, Wissenssoziologie und Cultural Studies. Wien.

Toulmin, Stephen; 1994: Kosmopolis. Die unerkannten Aufgaben der Moderne. Frankfurt/M.

Wallerstein, Immanuel, u.a.; 1996: Die Sozialwissenschaften öffnen. Ein Bericht der Gulbenkian Kommission zur Neustrukturierung der Sozialwissenschaften. Frankfurt/ New York.

Ziegler, Meinrad; 2000: Das soziale Erbe. Eine soziologische Fallstudie über drei Generationen einer Familie. Wien/ Köln/ Weimar.

Regina Becker-Schmidt / Dietmar Becker

Rätsel über Rätsel – in Kunst und Wissenschaft

Kunst und kritischer Wissenschaft ist gemeinsam, dass sie verfestigte Fassaden des Alltagsbewusstseins aufzubrechen versuchen. Unter ihren Blicken wird fremd, was wir gewohnt sind, unbefragt für verlässliche Gegebenheiten oder für Wahrheiten zu halten. Ehe ich etwas über den Rätselcharakter der Kunst im Allgemeinen und über die verrätselten Bilder von Dietmar Becker im Besonderen sage, möchte ich an einem Beispiel skizzieren, wie sich mystifizierte soziale Phänomene durch Gesellschaftsanalyse in ihren Wirklichkeitsschichten aufdecken lassen.

Zum Fetischcharakter der Ware

In seinem Werk „Das Kapital" schreibt Karl Marx über die Verwandlung von Dingen in Waren:

„Die Ware scheint auf den ersten Blick ein selbstverständliches, triviales Ding. Ihre Analyse ergibt, dass sie ein vertracktes Ding ist [...]. Soweit sie Gebrauchswert ist, ist nichts Mysteriöses an ihr, ob ich sie nun unter dem Gesichtspunkt betrachte, dass sie durch ihre Eigenschaften menschliche Bedürfnisse befriedigt oder diese Eigenschaften erst als Produkt menschlicher Arbeit erhält. Es ist sinnenklar, dass der Mensch durch seine Tätigkeit die Formen der Naturstoffe in einer ihm nützlichen Weise verändert. Die Form des Holzes zum Beispiel wird verändert, wenn man aus ihm einen Tisch macht. Nichtsdestoweniger bleibt der Tisch Holz, ein ordinäres sinnliches Ding. Aber sobald er als Ware auftritt, verwandelt er sich in ein sinnlich übersinnliches Ding" (Marx 1961: 76).

Worin liegt das Geheimnisvolle, das Marx den Waren zuschreibt? Wir wissen, dass alles, was wir auf dem Markt kaufen, einen Preis hat. Der Fabrikant, dem die Waren gehören, tauscht diese gegen Geld, die Konsumenten tauschen Geld gegen Ware. Sie könnten aus dem Strom der Angebote, die im Handel sind, mit der gleichen Geldsumme auch etwas anderes erwerben – sagen wir: statt eines echten Teppichs aus Kaschmir ein Auto. Geld verwandelt unterschiedliche Waren in Äquivalente. So erscheint der Reichtum der Gesellschaft „als ungeheure Warenansammlung" (Marx 1859: 3). Zu fragen ist, wie sich die Äquivalenz zwischen den verschiedenen Waren herstellt. Es muss neben ihrem von Marx beschriebenen Gebrauchswert noch etwas anderes geben, was in dem einen wie in dem anderen Verkaufsgut steckt und die Illusion erweckt, sich in Heller und Pfennig ausdrücken zu lassen.

Produkte, die gewerblich hergestellt worden sind und sich auf dem Markt in Waren verwandeln, sind Resultat von verausgabter menschlicher Arbeit. So wird deren Aufwand als Maß des Warenwerts genommen. Uns ist geläufig, dass das, was für produktive Arbeit bezahlt werden muss, also Lohnkosten, ein Faktor ist, der sich im Preis von Gebrauchsgütern niederschlägt. Für den Fabrikanten, der jene zum Verkauf weitergibt, hat es damit jedoch eine besondere Bewandtnis. Die Vermarktung von Produkten wirft für ihn Gewinne ab, deren Grundlage immer schon da ist, bevor sie überhaupt in den Handel kommen. Die Warenwelt gibt die Vorgeschichte dieser Rendite nicht preis: Dem gekauften Teppich aus Kaschmir sieht man nicht an, dass er miserabel entlohnter Kinderarbeit geschuldet ist.

Hier stoßen wir auf das Rätsel, das die zu Waren gewordenen Dinge aufgeben: Warum werden die Unternehmer umso reicher, je mehr verkaufbare Güter sie herstellen lassen, um sie anschließend auf den Markt zu werfen, nicht aber die lohnabhängig Beschäftigten, welche sie doch realiter produzieren?

Nach Marx ist das darauf zurückzuführen, dass auch Arbeitskraft in der kapitalistischen Wirtschaft zu einer Ware wird.

Der Unternehmer kauft sie auf dem Arbeitsmarkt ein, um sie profitabel zu nutzen; die abhängig Beschäftigten verkaufen sie an Unternehmungen, um Geld für ihren Lebensunterhalt zu verdienen. Doch bei diesem Tausch geht es nicht mit rechten Dingen zu. Die Ware „Arbeitskraft" gewinnt nämlich, sobald sie im kapitalistischen Betrieb als Produktivkraft eingesetzt wird, einen Doppelcharakter. Sie ist zum einen konkrete nützliche Tätigkeit, die Gebrauchswerte hervorbringt. Zum anderen ist sie als Lohnarbeit Teil gesellschaftlicher Gesamtarbeit – in diesem Sinne ist sie ein bloßes Quantum menschlicher Arbeitskraft, deren Warenwert an der gesellschaftlich durchschnittlichen Arbeitszeit gemessen wird, welche unter normalen Produktionsbedingungen zur Fertigung von Gütern nötig ist. So nimmt die individuelle, konkrete Tätigkeit die Form abstrakter Arbeit an: eine Tätigkeit repräsentiert wie die andere „Durchschnitts-Arbeitskraft" (Marx). Als solche wird sie auch entlohnt. Der Unternehmer bezahlt die durchschnittlichen Kosten, die für ihren Erhalt auf einem bestimmten zivilisatorischen Mindestniveau aufgebracht werden müssen. Er macht sich die Ware „Arbeitskraft" zu eigen und zahlt an deren Besitzer nur das aus, was zu deren Reproduktion notwendig ist. In diesem Tauschgeschäft verbirgt sich jedoch ein Geheimnis. In der abstrakten Arbeit steckt nicht nur die Fähigkeit, nützliche Gegenstände zu erzeugen; die Warenwerte, die sie hervorbringt, übersteigen vielmehr bei Weitem das, was als Lohn der Arbeit veranschlagt wird. An dem Profit, der aus diesem Überschuss fließt, haben die unmittelbaren Produzenten nicht teil; er verschwindet in den Taschen der Unternehmer. Als Kapitaleigner, welchen die industriellen Produktionsanlagen gehören, besitzen jene die Machtmittel, über die Surplus-Arbeit der von ihnen Abhängigen zu verfügen. Das Faktum, dass Lohnarbeit mehr in Geld transformierbare Werte hervorbringt als zu ihrer Wiederherstellung aufgewendet werden müssen, bleibt in unübersichtlichen gesellschaftlichen Verhältnissen verschleiert. Auf dem Arbeitsmarkt treten die Vertreter des Kapitals und die Verkäufer der Arbeitskraft als getrennte Parteien auf. In der Produktionssphäre wird lebendige Arbeit und Kapital, materialisiert in Gestalt der großen Maschinerie, jedoch zusammengeführt. In dieser Rekombination geht unter, wo die entlohnte Tätigkeit aufhört und die Surplus-Arbeit anfängt. So entsteht eine Grauzone, in welcher sich gesellschaftlicher Widersinn einnisten kann. Für die Verkäufer der Ware Arbeitskraft hat diese einen Tauschwert: Jeder produziert in der arbeitsteiligen Gesellschaft für andere und vermittels eines solchen Austausches haben sie an der Warenwelt teil. Für die Kapitalisten dagegen, welche sich den im Produktionsprozess entstehenden vollen Ertrag der Lohnarbeit zuschlagen, hat jene einen spezifischen Gebrauchswert: sie ist Mehrwertquelle. Und auch die gesellschaftliche Bedeutung von Arbeitsprodukten gerät ins Zwielicht: Für diejenigen, welche sie als Lebensmittel benötigen, haben sie Gebrauchswert. Die Unternehmer sehen in ihnen dagegen in erster Linie den Tauschwert, den sie auf dem Warenmarkt erbringen.

Verkehrte Welt: Wo alles zur Ware wird – Arbeit und Arbeitsprodukte – schiebt sich der Markt in den Vordergrund und verdeckt die Widersprüche, die in der Organisation der gesellschaftlichen Produktions- und Reproduktionsverhältnisse aufzusuchen wären. So kann die Ware zum Fetisch werden, der zum einen suggeriert, der gesellschaftliche Charakter der Arbeit drücke sich im dinglichen Charakter der Arbeitsprodukte aus, und der zum anderen vortäuscht, das gesellschaftliche Verhältnis der Produzenten zur Gesamtarbeit sei ein außer ihnen existierendes Verhältnis von Gegenständen. Durch dieses quid pro quo werden die Arbeitsprodukte zu Waren, zu sinnlich übersinnlichen oder gesellschaftlichen Dingen (vgl. Marx 1961: 77f.).

In derartigen Vertauschungen steckt Entfremdung. Mit diesem Begriff ist nicht etwa gemeint, dass sich etwas ehemals Vertrautes in etwas Unvertrautes verwandelt hat. Im Gegenteil: Wir nehmen Phänomene der Alienation gar nicht erst als solche wahr, sondern begegnen ihnen, als seien sie selbstverständlich. Über das Anstößige an heteronomen Verhältnisse stolpern wir erst, wenn uns ihre Fremdheit erschreckt. Kritische Sozialwissenschaft greift darum Scheinvertrautheiten an, um das Verrätselte zum Vorschein zu bringen. Sie zerstört Verblendungen, um neue Einsichten zu ermöglichen, welche der zuvor verborgenen Realität angemessener sind. Diese Sprengkraft, die auf der Wahrheitssuche freigesetzt wird, steckt auch in der Kunst: Sie löst Dinge aus dem Prokrustesbett der Gewohnheit, nimmt das auf, was nicht wahrgenommen wird und verrätselt es in ungewohnten Figurationen, auf dass sie neu entdeckt werden können.

Rätsel und Verrätselungen in der Kunst

Der Rätselcharakter der Kunst hat zunächst einmal etwas mit Ratlosigkeit und Unsicherheit zu tun. Bei jedem Projekt, das nicht in der Tradition bereits gespurten Bahnen folgt, stellt sich die Frage, welche Wege zu wählen sind, um es in Gang zu bringen. Was trägt, was verurteilt zum Scheitern? Welche Zukunft einem Artefakt beschieden ist, lässt sich nicht so leicht prognostizieren. Es ist schwer zu bestimmen, worin das Unvergleichliche besteht, das einem Kunstwerk über Epochen hinweg Dauer verleiht, während andere veralten (vgl. Zuckermann 2002: 25). Es sind derartige Aporien[1], die in der Kunst Rätsel aufgeben.

Auch die Frage, wie in der ästhetischen Produktion der Brückenschlag zwischen den Impulsen zustande kommt, die den Künstler zum einen von innen bewegen und zum anderen von außen anregen, ist nicht so einfach zu beantworten. Einerseits entspringt jedes Kunstwerk einer individuellen Vorstellungswelt und es ist das Vermögen der Produzierenden, Ideen zur Anschauung zu bringen. Andererseits kann das künstlerische Subjekt nicht eigensinnig bei sich selbst bleiben: Das Sujet, das sich aufdrängt, will in seiner Vielfältigkeit und Mehrdeutigkeit zur Entfaltung gebracht werden. Ohne subjektive Entäußerung an dessen stofflich vermittelte Inhaltlichkeit – zum Beispiel klangliche, sprachliche und bildnerische Materialien und deren mögliche Konfigurationen – lässt sich ein Kunstwerk nicht herstellen. Im Prozess des Gestaltens verwandelt es sich vom Entwurf zu einem Gebilde, das für seinen Schöpfer zu einem Gegenüber wird. Der Artefakt gewinnt im Zuge seiner Fertigung objektiven Charakter und somit eigene Realität: In ihm kommt etwas zum Ausdruck.

Dass Kunstwerke etwas darstellen, bedeutet jedoch keineswegs, dass sie sich als Abbilder von vorgegebenen Wirklichkeiten begreifen lassen. Sie sind vielmehr Schein, dem Traum oder Albtraum ähnlich, der ja ebenfalls der Phantasie entspringt und als unwirklich, ja unheimlich empfunden wird. Aber wie Träume sind auch

---

1 Aporie setzt sich im Griechischen aus *a* (nicht) und *poros* (Weg, Brücke) zusammen.

Kunstwerke mehr als reiner Schein. Ihr „Mehr" zeigt an, was unserem aufs Faktische begrenzten Realitätsverständnis verschlossen bleibt. Eingefahrenen Seh- und Denkgewohnheiten und dem bloßen Tatsachensinn entgeht das Merkwürdige, über welches Künstler stolpern. Doch stoßen sie beim Stolpern auf Wahrheiten oder erfasst uns, wenn wir uns von ihren Kunstwerken ergreifen lassen, ein Schwindel?

Das Rätselhafte an der Kunst hängt mit einer anderen Zwiespältigkeit zusammen. Einerseits ist Kunst ein Produkt der Imagination, eine dem Menschen eigene Fähigkeit, die als geistiges Potenzial an der Geschichte der Aufklärung teilhat. Andererseits ist in ihr – konträr zur historischen Entwicklung einer naturbeherrschenden Vernunft – ein Medium der Erkenntnis aufbewahrt, welches in einer zweckdienlichen Rationalität nicht aufgeht. Theodor W. Adorno nennt es „Mimesis". Sich mimetisch verhalten heißt für ihn, sich dem Gegenstand des Interesses zu nähern, ohne ihn vorgefassten Setzungen zu unterwerfen oder ihn durch manipulative Fertigkeiten verfügbar zu machen. Wer etwas Neues erschaffen will, etwas, was ihm selbst noch unvertraut ist, muss sich dem Prozess der Anverwandlung an das noch Unbestimmte ohne Dominanzansprüche überlassen. Sonst bleibt er in seiner vermeintlichen Souveränität über den „Stoff" bei sich selbst. Imagination rückt in den Erkenntnisgegenstand ein, versetzt sich in ihn und stellt heraus, was bisher fremd an ihm geblieben ist. Das kann in einer säkularisierten Welt nicht durch magische Praktiken geschehen. Der Weg, sich ins Sujet hineinzubegeben, wird auch durch moderne Techniken abgeschnitten, welche dazu führen, es dem Subjekt anzugleichen. Auch damit würde das Sperrige, Widerständige und Unbegriffene verfehlt, an dem sich der Wunsch, etwas noch nicht Seiendes zum Vorschein zu bringen, doch gerade entzündet (vgl. Adorno 1970: 37-39).

Kunst ist kein Reich jenseits geschichtlich-gesellschaftlicher Verhältnisse. Deren Verkehrungen schlagen sich im künstlerischen Subjekt nieder. Auch dieses ist in sich zerrissen, nicht identisch mit sich selbst. Aber in seinen Projekten tritt zu dem gesellschaftlich Verfestigten etwas hinzu: ein Schimmer von dem, was fehlt.

Kunst kann die Trennung von Geist und Körper, Sensualität und Intellektualität, Subjekt und Objekt nicht aufheben, welche die Aufklärung vorangetrieben hat. In ihr wurde eine Vernunft verabsolutiert, welche sich als blind gegen die von ihr selbst hervorgebrachten Irrationalitäten erweisen sollte. Aber in der ästhetischen Produktion entsteht doch ein Subjekt-Objekt-Verhältnis, in dem die Abdichtung beider Pole gegeneinander durchlässig wird. Das künstlerische Selbst, welches darauf versessen ist, etwas ihm noch Entlegenes darzustellen, gerät in der leidenschaftlichen Hinwendung zu diesem Anderen außer sich.

„Kunst", so schreibt Adorno, „ist Zuflucht des mimetischen Verhaltens. In ihr stellt das Subjekt, auf wechselnden Stufen seiner Autonomie, sich zu einem anderen, davon getrennt und doch nicht durchaus getrennt. [...] Kunst komplettiert Erkenntnis um das von ihr Ausgeschlossene" (ebd.: 86f.).

In ihrem Doppelcharakter von intelligenter Konstruktion und sensibler Mimesis ist Kunst „Rationalität, welche diese kritisiert" (ebd.: 87). Phantasie lebt vom Begehren nach etwas, das noch nicht da ist, aber doch möglich werden könnte. Eine solche Sehnsucht lässt sich nicht dingfest machen oder auf einen klaren Begriff bringen. Beim Anblick einer Sternschnuppe fällt es uns ein: Aus Wünschen, von denen man nur hoffen kann, dass sie in Erfüllung gehen, wird nichts, wenn man sie vorschnell ausposaunt. Jede Wunscherfüllung braucht ihre eigenen Zeit- und Wahrscheinlichkeitsräume.

Kunstwerke geben Rätsel auf, weil sie zugleich verbergen, was sie entbergen. Begibt man sich in ein Kunstwerk hinein, versucht man seine ihm eigene Spannkraft nachzuvollziehen, so entziehen sie sich der Einsicht. Kein Schimmer mehr, was das Ganze soll. Gehen wir jedoch auf Distanz, so fängt uns das Rätselhafte wieder ein (vgl. ebd.: 183). Für Adorno haben Kunstwerke etwas clownshaftes: Womit uns ein Clown zum Lachen bringt, macht nur momentan Sinn, ist Situationskomik; wodurch er uns rührt, ist jedoch keineswegs Unsinn. Albern ist er nur nach den Maßstäben einer außerhalb des Zirkus herrschenden Vernunft, die er parodiert (vgl. ebd.: 181). Damit komme ich zu den Bildern von Dietmar Becker.

Schabernakel

Siehe da, in seinen Bildern taucht ein Clown auf! Aber ist es ein Clown oder eher ein Artist „in der Zirkuskuppel ratlos" (Kluge)? Äfft da ein Schimpanse einen Clown nach oder ist es gerade umgekehrt? Und diese Gestalt da, die mit den Strümpfen auf dem Kopf, ist das auch ein Clown, einer der sich in einem Haus verbirgt und dort im Oberstübchen auf einem unsichtbaren Boden einen Kopfstand macht? Ein Kobold nähert sich einer Tür, die im Nebel verschwindet. Kein Eintritt also.

Dietmar Beckers Phantasiegebilde – Szenarien aus untergegangenen oder noch nicht gelebten Zeiten, Ausgedachtes, Gesindel und Gerümpel – verschieben unsere Blickwinkel. Sie durchkreuzen eingefahrene Wahrnehmungsgewohnheiten. Kaum glauben wir, wir könnten feststellen, was sich da auf unserer Netzhaut abbildet, beginnen die Eindrücke zu changieren. Spukhafte Imaginationen sorgen für Irritationen: Eine Hängematte ohne Aufhängung, ein rotes Licht, das aus einem grauen Nichts kommt, ein Netz, das eine fliehende Figur nicht einfängt und durch einen kompakten blauen

Dietmar Becker
2007
Ohne Titel
50 x 60 cm

Dietmar Becker
2007
Ohne Titel
50 x 60 cm

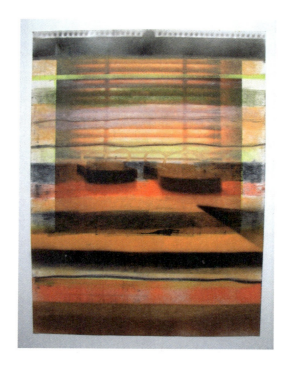

Dietmar Becker
2007
Ohne Titel
50 x 60 cm

Dietmar Becker
2007
Ohne Titel
50 x 60 cm

Koloss einfach hindurch geht, ein dunkler Geselle, mit einer Hand wie ein Amboss, die sich an einem blau schimmernden Bauklotz zu schaffen macht, in dem sich Ornamente spiegeln.

Die figurativen Elemente sind in jedem Bild mehrdeutig. Sie erzählen etwas, bleiben jedoch Zeichen, die beides gleichzeitig sind: Erzählstoff und Gestaltungsmomente einer malerischen Komposition. Das lässt sich an dem folgenden Bild zeigen. Über breite Farbbänder im Hintergrund, die nach oben und nach unten in ihrer Abtönung erst heller, dann dunkler werden, fällt eine schmale, transparente Jalousie, deren Schlitze und Blenden in feinen Streifen aufleuchten, um sich dann in einem Raum zu verlieren, in dem die vertikalen Strebungen in einen ins Weite gedehnten Horizont übergehen. Was bekäme ich zu sehen, wenn ich die Blenden der Jalousie mit den Fingern aufspreizen würde? Das muss ein Geheimnis bleiben. Aber da, wo die Jalousie zu einem durchsichtigen gestreiften Vorhang wird, taucht etwas auf. Es versammeln sich vage Gegenstände und bilden einen unbestimmten Fokus. Alles scheint im Gleichgewicht, aber ein Dreieck (ein Keil?) schert zum Rande hin aus.

Das Spiel von Vertikalen und Horizontalen, fokussierenden Farbflecken und aufgelösten Vor-, Mittel- und Hintergründen finden wir auch auf einem anderen Bild wieder. Hier stürzt ein Keil vertikal zu Boden und streckt sich gleichzeitig mit der Breitseite in eine unendliche Ferne: eine Brücke, aus der Perspektive von unten gesehen, die keinen Anfang und kein Ende und keine Bodenhaftung hat. In der Bildmitte wird diese Bewegung in die Senkrechte von einer schwarzen, dreigliederigen Vogelgestalt abgefangen und gestützt. Sie steigt aus einem dümpelnden Gewässer hervor, Teil einer diffusen Landschaft, welche im Waagerechten die Vertikale verschwommen spiegelt.

In den Sichtweisen von Dietmar Becker verwandelt sich durch einen kleinen Dreh Vertrautes in Fremdes und Fremdes in so etwas wie ein Déjà vu. Das erinnert an die gewitzte Veränderungskunst, die Kindern eigen ist und die dem Unbewussten entspringt. Ich kann das nur durch ein Beispiel illustrieren, das der Sprachwelt angehört. Stephan, der Sohn von Walter Benjamin bekommt als Zweijähriger von seiner Mutter Dora ein Abendlied vorgesungen. Der Vater hört, welchen Reim sich das Kind etwas später aus dem Vorgetragenen macht. Es singt vor sich hin: Schaf, Schläfchen, Schaf.

Als ich vor einiger Zeit versuchte, das Charakteristische an Dietmar Beckers Arbeitsweise auf einen Punkt zu bringen, gelang mir das nicht auf Anhieb. Dann fiel mir eines Nachts, als ich wohl durch seine Bilderwelten geschlafwandelt bin, ein Wort zu: Es war das Wort „Schabernakel".

Zunächst sagte mir dieser Hinweis gar nichts. Was „Schabernack treiben" heißt – das ist mir vertraut. In der Kindheit wurde mir erzählt, dass in der Walpurgisnacht, wenn Hexen auf den Blocksberg reiten, die „wilden Kerle" allerlei Unfug anrichten. Und auf dem Dorf, in dem ich aufwuchs, gab es noch eine Menge Streiche, die von Nachbarn an Nachbarn oder von Jugendlichen an Erwachsenen verübt wurden. Die Streiche drückten eine bestimmte Botschaft aus – etwa: „Nehmt euch in Acht – nichts muss bleiben, wie es ist". Blumenkästen wurden in Bäume gehängt, die Haustüre mit Mülltonnen verbarrikadiert, ein Fahrrad in seine Einzelteile zerlegt, Türklinken mit Zahnpasta eingeschäumt. Was hatte das aber mit Dietmars Phantasiewelten zu tun? Und warum war mir „Schabernakel" in den Sinn gekommen, ein Wortgebilde, das es doch gar nicht gibt? Dunkel erinnerte es mich an Spektakel, Menetekel, Tabernakel – aber ein rechter Sinn wollte sich nicht ergeben. Also versuchte ich an einem der Tage, die auf die besagte Nacht folgten, der sprachgeschichtlichen Bedeutung von Schabernack in einem etymologischen Wörterbuch auf die Spur zu kommen. Zu meiner Verblüffung erfahre ich dort das Folgende. „Schabernack" setzt sich aus „Schaben" und „Nacken" zusammen und verweist auf einen rauhaarigen, am Nacken reibenden Winterhut. Ich fühle mich gefoppt. Die Erklärung war jedoch keineswegs als Scherz gemeint – zurückgegriffen wurde vielmehr auf einen überlieferten Deutungsversuch, wobei das Wörterbuch jedoch nicht darüber hinwegtäuschte, dass die sprachliche Herkunft von Schabernack unbekannt ist. Wir alle wissen aus der Alltagskultur, was das Wort meint: Es bezieht sich auf einen schadenfrohen, eher lustigen als boshaften Scherz. Mir aber schien sich in diesem rätselhaften Ausdruck mehr zu verbergen; etwas, was aus einer Sphäre kommt, die uns nicht so ohne weiteres zugänglich ist – aus dem Rotwelsch, dem Jiddischen oder dem Hebräischen. Hier suchte ich und wurde auch fündig: „Schabernack" ist wohl eine Verballhornung des jiddischen Worts „schabbejßenacht" (Sabbatnacht). Am Freitagabend treffen Glaubensgenossen zusammen. Chaver, das in Schabbes anklingt, ist der hebräische Begriff für Freund; es ist die Bezeichnung für jemanden, zu dem man eine gesellschaftliche Bindung hat, mit dem man zum Beispiel eine religiöse Gemeinschaft teilt. Chaver bedeutet aber auch Kumpan, jemand der Flausen im Kopf hat, den man für einen Bengel oder Gassenjungen hält. Und ein Chabernik ist ein Mensch, der sich dazu verleiten lässt, mit anderen etwas auszuhecken.

Jetzt wurde mir klarer, was mir das Wort Schabernakel sagen wollte. Es verwies mich in Bereiche, in der Heiliges in Unheiliges, Erhabenes in Spiel, Weltliches in Über- und Unterweltliches, Heimeliges in Unheimliches, Unerlaubtes in Erlaubtes, Unglaubliches in Glaubhaftes, spitzbübische Streiche in abergläubische Rituale umschlagen können. Es mahnt an Grenzgängerei, an Grenzüberschreitungen, an Doppelbödigkeit und Mehrsinnigkeit. In diesem Sinne sind Dietmar Beckers Imaginationen Palimpseste. Das wird deutlicher an seinen immer wieder mit neuen Einschreibungen überschichteten Bilderfolgen. Alles, was dort erscheint, tritt zueinander in Beziehung: Figuren nehmen über die Einzelbilder hinweg Stellung zueinander, Welten gesellen sich zu Gegenwelten, Utensilien und Ikonen erzittern unter unmerklichen Erschütterungen, die von einem Bild ausgehen und in anderen weitervibrieren.

Literaturverzeichnis

Adorno, Theodor W.; 2003: Ästhetische Theorie. Frankfurt/M.
Marx, Karl; 1895: Zur Kritik der Politischen Ökonomie. Berlin.
Marx, Karl; 1961: Das Kapital. Kritik der politischen Ökonomie. Erster Band. Berlin.
Zuckermann, Moshe; 2002: Kunst und Publikum. Das Kunstwerk im Zeitalter seiner gesellschaftlichen Hintergehbarkeit. Göttingen.

Wahrhaft gebildet?

Brigitte Aulenbacher / Lena Berenberg-Goßler /
Johannes Duschl / Laura Kepplinger / Hartwig Skala

Wahre Bildung
oder Bildung als Ware?

Fragen aus Erfahrungen –
StudentInnen und SchülerInnen im Gespräch[1]

Einleitung

Ab November 2009 sorgten Proteste von StudentInnen und SchülerInnen für eine breite Aufmerksamkeit gegenüber den Bildungsreformen an Universitäten und Schulen. Bei diesen Reformen handelt es sich um die europaweite Umstrukturierung des Bildungssystems. In den Universitäten vollzieht sie sich im Rahmen des Bologna-Prozesses (vgl. Wächter 2004), der auf eine Angleichung der Studiengänge zielt. Sie soll durch vereinheitlichte, darum international anerkennbare Bachelor- und Masterstudiengänge erreicht werden, die die vorherigen Diplom- und Magisterstudien ablösen. Einem internationalen Vergleich ist, in erster Linie über die PISA-Studien diskutiert (vgl. auch den Beitrag von Johann Bacher in diesem Buch), auch die Schulbildung unterworfen. Standardisierungsbestrebungen verbinden sich in den Gymnasien vor allem mit der Einführung der Zentralmatura. In beiden Fällen, Universität und Gymnasium, ist die Vereinheitlichung der Bildungswege und -zertifikate kein Selbstzweck, sondern soll die internationale Anschluss- und Wettbewerbsfähigkeit erhöhen. Damit treten Universitäten und Schulen je für sich auch im nationalen Rahmen in neuer Weise untereinander in den Wettbewerb. Staatliche und private Anbieter, verschiedene Hochschul- und Schulformen konkurrieren in neuem Umfang miteinander. Die vormals in erster Linie bürokratisch-administrative Or-

---

[1] Miteinander im Gespräch waren Lena Berenberg-Goßler, Gymnasialschülerin und Schulsprecherin, Johannes Duschl, MA-Student der Informatik und Trainer im Bereich der Alphabetisierung, Laura Kepplinger, Doktorandin der Sozialwissenschaften, Theologiestudentin und langjährige Studienberaterin, Hartwig Skala, ehemaliger Gymnasialschüler und Schulsprecher, jetzt Auszubildender. Das Gespräch wurde von Maria Dammayr, die die redaktionelle Arbeit an diesem Buch unterstützte, verschriftlicht. Für die Gesprächsführung und Aufbereitung in Artikelform zeichnet federführend Brigitte Aulenbacher, Soziologin, verantwortlich.

ganisation des universitären und schulischen Bildungsangebotes wird durch stärker betriebswirtschaftlich orientierte Instrumente ergänzt oder ersetzt, um die internen Abläufe effizienter zu gestalten. All diese Prozesse berühren den Bildungsauftrag und das Bildungsangebot von Universitäten und Gymnasien und damit den Bildungsalltag und die Bildungserfahrungen von StudentInnen und SchülerInnen.

Im Mai vergangenen Jahres diskutierten wir hierzu im Kepler Salon Linz09. Im Herbst 2009 trafen wir uns zu einem vertiefenden Gespräch. Passagen daraus haben wir für diesen Beitrag aufbereitet und kommentiert. Bei aller medialen Öffentlichkeit, für die die Proteste an Universitäten und Schulen gesorgt haben, wird um deren Zustand und Zukunft in nachlesbarer Form doch in erster Linie zwischen ExpertInnen aus Ministerien, Hochschul- und Schulleitungen, Gremien und Verbänden gestritten und verhandelt. Daher will unser Gespräch einen Einblick in die alltäglichen Bildungserfahrungen von StudentInnen und SchülerInnen gewähren und auf einige Fragen hinweisen, die über den Einzelfall hinaus interessant sind.

**Alltägliche Bildungserfahrungen –
StudentInnen und SchülerInnen im Gespräch**

Die in diesem Gespräch beschriebenen Erfahrungen reihen sich in die mittlerweile breit geteilte Erkenntnis ein, dass die Bildungsreform nicht so verläuft, wie sie geplant war. Sie ermöglichen damit zugleich einen Blick auf Unwägbarkeiten, Hindernisse und Widersinnigkeiten, die so ungewöhnlich vermutlich nicht sind, wenngleich sie sich an jeder Universität und Schule im Detail anders darstellen.

a. Kürzer und effizienter studieren?

Johannes Duschl: *In der Studienrichtung Informatik haben wir mittlerweile schon den zweiten Bachelor- und Masterstudienplan erlebt. Dadurch lassen sich Veränderungen im Studienplan und bei den Lehrinhalten gut nachzeichnen. Ziele, die durch diese Veränderungen erreicht werden sollten, also die Ziele, die auf den Bologna-Prozess zurück gehen, waren unter anderem die Erhöhung der Mobilität und eine internationale Vergleichbarkeit der Studiengänge. Ziele, die zunächst eher positiv besetzt sind, aber in der Realität sieht die Umsetzung für Studierende meiner Meinung nach anders aus. Der Bachelor hält die StudentInnen an, möglichst schnell und effizient zu studieren. „Effizient" heißt hier effizient für das Bildungssystem: je kürzer die Studienzeit umso geringer die Ausbildungskosten für den Staat. Aufgrund der Modularisierung der Studienpläne wird es immer schwieriger oder einfach nicht mehr möglich, die vom Studienplan vorgegebenen Wege zu verlassen.*

Laura Kepplinger: *Teilweise habe ich das Gefühl, dass es einfach das Gleiche ist wie im Diplomstudium – nur halt schneller. Statt fünfzig Folien pro Vorlesung sind es jetzt siebzig Folien in eineinhalb Stunden. Da frage ich mich: Ist das noch Wissen? Oder geht es um bloße Fakten, die wir bei Klausuren replizieren müssen?*

Johannes Duschl: *Das sehe ich genauso. Aufgrund der verkürzten Studienzeit sind die Universitäten verpflichtet oder fast gezwungen, immer mehr Wissen in einer immer kürzeren Zeit zu vermitteln. Die Universitäten stehen selbst unter Druck: sie fürchten um ihre Reputation und versuchen deshalb den Studierenden in den sechs Semestern des Bachelorstudiums maximal viel Wissen zu vermitteln. Das führt dazu, dass im Bachelorstudium nur eine Vermittlung von Faktenwissen stattfindet und es zu keiner Wissensgenerierung mehr kommt. Das wird auf den Master verschoben. Das heißt Forschung, die Erzeugung von neuem Wissen, findet abgekapselt nur mehr im Masterstudium statt.*

b. Employability und Mobilität – Die neuen Studiengänge als Chance oder Barriere?

Laura Kepplinger: *Es ist einerseits so, wie du gesagt hast: weniger Freiheit. Andererseits habe ich bei Erstsemestrigen drei Eindrücke gewonnen: Erstens, „ich will schnell einen Job"; diese Haltung gibt es vor allem dort, wo man die ersten Effekte der Wirtschaftskrise auch in Oberösterreich und in Österreich am Arbeitsmarkt spürt. Und der Bachelor wird auch als Weg gesehen, dieses Ziel zu erreichen. Zweitens sind da sehr viele Personen, die denken, es ist bei uns ähnlich wie auf den US-amerikanischen Colleges. Aber so ist es natürlich nicht. Und der dritte Punkt ist die Mobilität. Der Wunsch, eine weitere Sprache zu lernen und ins Ausland zu gehen, dort möglichst ohne Zeitverlust studieren zu können – der ist ganz stark da. Aber tatsächlich reicht die Anpassung der Anrechnungen von Lehrveranstaltungen weit nicht aus, um diese Mobilität zu gewährleisten.*

Johannes Duschl: *Ich denke auch nicht, dass es Mobilität fördert, wenn ich unter dem Druck stehe, meinen Bachelor in sechs oder sieben Semestern zu absolvieren. Dafür reicht die Zeit nicht aus, um eine neue Sprache zu lernen, sich im Ausland einzuleben und dann noch genügend Kurse zu absolvieren.*

Laura Kepplinger: *Das ist in der Realität so, aber der Wunsch ist da: „Jetzt haben wir schon umgestellt, jetzt will ich auch diese reibungslose Internationalität erfahren können, die mir versprochen wurde."*

Johannes Duschl: *Mobilität ist auf dem Papier ein positives Ziel, das in der Realität aber nicht eingehalten werden kann. Ganz im Gegenteil: die Zahlen zeigen, dass immer weniger Studierende ins Ausland gehen.*

Laura Kepplinger: *Eine andere spannende Gegenentwicklung in den Studienplänen der Sozialwirtschaft und Wirtschaftswissenschaften ist, dass die Sprachen immer weniger werden. Es ist im Bakkalaureat Wirtschaftswissenschaften nicht mehr möglich, zwei Sprachen im selben Ausmaß zu studieren wie im Diplomstudium.*

Lena Berenberg-Goßler: *Zum Thema Master- und Bachelorstudiengänge muss ich vorausschicken, dass man als Schüler von der Diskussion natürlich nicht so viel mitbekommt wie als Student. Ich habe trotzdem den Eindruck, dass diese Anpassung der Studiengänge den Druck auf die Studierenden immens erhöht. Man muss jetzt einfach schneller studieren. Unter Zeit- und Entscheidungsdruck soll mehr Leistung erbracht werden. Einerseits können damit Bummelstudenten verhindert werden. Spezialisierungszwang und Leistungsdruck gehen jedoch leider auch oft auf Kosten der Individualität. Ich kann den Master- und Bachelorstudiengängen andererseits aber auch Positives abgewinnen. Im Vorfeld auf meinen Berufsweg reizt auch mich das Ausland. Und mit der Anpassung des Studienplans wird meiner Meinung nach zumindest bürokratisch der Weg zum Auslandssemester vereinfacht.*

Hartwig Skala: *Ich denke mir eigentlich, dass die Vereinheitlichung zu Bachelor- und Masterstudiengängen im Grund ein Ziel der Europäischen Union ist, um europaweit gleichgesetzte Studienabschlüsse zu haben. Ob das sinnvoll ist oder nicht bleibt dahin gestellt.*

c. Ausbildung zu GeneralistInnen oder zu SpezialistInnen?

Lena Berenberg-Goßler: *In den Schulen ist derzeit das Thema Zentralmatura aktuell. Ähnlich wie bei der Einführung der Bachelor- oder Masterstudiengänge soll auch hier eine Vereinheitlichung erreicht werden. Diesem Gedanken kann ich, in Anlehnung an den Gleichheitsgrundsatz, durchaus etwas abgewinnen. Dennoch befürchte ich, dass hier etwas Grundlegendes auf der Strecke bleibt und wichtige Bildungsinhalte unter den Tisch fallen könnten; Bildungsinhalte, die nicht nur auf reine Wissensvermittlung, son-*

dern auch auf die Förderung von gesellschaftlich relevanten Werten abzielen. Für mich ist es nämlich Aufgabe einer Schule, neben Faktenwissen auch Toleranz zu vermitteln und einen Schwerpunkt auf die Entwicklung sozialer Kompetenzen und kritischer Reflexion zu setzen. Erst wenn Bildung auch diese Werte vermittelt, kann sie die Grundlage für Demokratie bilden. Derzeit sehe ich leider die Gefahr, dass dieser Blickwinkel durch die zunehmende Ökonomisierung der Bildung ins Hintertreffen gerät.

Johannes Duschl: *Ich schließe mich dem im Großen und Ganzen an. In diesem Zusammenhang möchte ich auch auf die permanenten Stundenkürzungen in den Schulen hinweisen. Diese werden meist damit begründet, dass Schüler und Schülerinnen zu lange in der Schule sind und zu viele Wochenstunden haben. Das Problem ist hier, dass Stunden zwar gekürzt werden, das Stoffgebiet aber gleich bleibt. Also wieder einmal: mehr Wissen in kürzerer Zeit, was es den SchülerInnen nicht einfacher macht.*

Lena Berenberg-Goßler: *Ich glaube auch, dass ein höherer Leistungsdruck Schüler außerhalb der Schule einschränkt. Wenn ich als Schüler einem hohen Lerndruck ausgesetzt bin, dann habe ich keine Zeit, ein Instrument zu spielen, Sport zu machen oder mich anderweitig zu engagieren. Genau das sind aber Aktivitäten, die den Charakter stärken und soziale Kompetenzen besser fördern, als es die beste Schule kann.*

Laura Kepplinger: *Was ich jetzt spannend finde an den beiden Punkten ist, dass es im Endeffekt zwei sehr unterschiedliche Ebenen sind: Auf der einen Seite haben wir Sparmaßnahmen im Schulsystem, also eine rein ökonomische Ebene. Sie wirken sich auf der anderen Seite direkt aus – bis in die tiefste Privatheit von Schülerinnen und Schülern als Personen. Ich denke, das ist auch ein Punkt von Ökonomisierung der Bildung, der vielleicht nicht unter dem Titel von Verwertbarkeit läuft und den wir noch nicht diskutiert haben. Er zeigt, dass der Einfluss des ökonomischen Gedankens viel, viel weiter geht – es ist ein Durchgriff auf die Persönlichkeitsentwicklung von jungen Menschen. Und das sind Effekte, die ich in der medialen Diskussion von Stundenkürzungen und Zentralmatura nirgendwo gelesen habe.*

Johannes Duschl: *Die Universitäten schließen hier nahtlos an die Schulen an. Mit der Einführung des Bachelorstudiums kommt es zu einer Verschulung des Studiums, was dazu führt, dass der Studienplan einem fixen Stundenplan ähnelt. Für viele erscheint dieses System attraktiv, weil sie es bereits von der Schule kennen. Einen anderen Punkt möchte ich noch hervorheben: Die Universitäten gehen zum einen davon aus, dass Persönlichkeitsbildung mit der Matura abgeschlossen ist, was nicht der Fall ist. Zum anderen wird davon ausgegangen, dass alle über ein gleiches Maß an Persönlichkeits- und Allgemeinbildung verfügen. Es ist klar, dass diese Annahme nicht haltbar ist. Sie führt in letzter Konsequenz jedoch dazu, dass allgemeinbildende und persönlichkeitsbildende Fächer an den Universitäten von Kürzungen als erste betroffen sind.*

Laura Kepplinger: *Es gibt da eine Anekdote: Es gab bis vor drei Jahren an der Uni einen Kurs in Glasblasen. Und der war gerade auf der sozialwissenschaftlichen Fakultät irrsinnig beliebt. Also da war immer ein Gerangel um die Plätze. Es gibt also diesen Drang, einmal etwas völlig Neues auszuprobieren. Das wird natürlich im Bachelor dann schwieriger.*

Hartwig Skala: *Ich glaube, das hat damit zu tun, dass in der Schule schon begonnen wird, die Kreativität des Einzelnen einzuschränken. Dadurch, dass da gekürzt wird, dort gekürzt wird, wächst der Druck der Eltern, der Druck der Mitschüler, also von Seiten der Mitschüler. Kreativität geht unter, weil man eigentlich nur mehr einen Lernstress hat. Und eben das Beispiel mit dem Glasblasen mag sich zwar etwas skurril anhören, aber es ist eigentlich etwas absolut Kreatives, was vielen vielleicht bislang gefehlt hat.*

Lena Berenberg-Goßler: *Ich befürchte, dass mit der Einführung der Zentralmatura und des einheitlichen Korrekturschlüssels nicht mehr auf das Ziel der Bildung oder von Wissensinhalten hingearbeitet wird, sondern auf die standardisierte Matura. Es wird nicht lange dauern, bis das in der Unterrichtsgestaltung spürbar wird. Gerade wenn es darum geht, Themen durchzunehmen, die die Klasse besonders interessieren, oder aktuelle Ereignisse und Entwicklungen zu behandeln, wird der Spielraum für den Lehrer stark eingeschränkt. Ich werde nächstes Jahr maturieren, in Englisch schon nach der neuen zentralen Regelung. Beim schriftlichen Teil werden Aufsätze in ein strenges Schema gepresst und lassen dem Schüler kaum Freiheiten. Die Wortanzahl muss mit prozentueller Abweichung eingehalten werden, sonst gibt es Abzüge. Abzüge gibt es auch, wenn man von der vorgegeben Aufsatzstruktur abweicht, Argument oder Meinung im falschen Absatz schreibt. Ist das noch „freies Schreiben"? Die Kreativität hat meiner Meinung nach das Nachsehen – zu Gunsten der Vergleichbarkeit.*

Hartwig Skala: *Genau das ist der erste Schritt in diese Richtung einer Massenabfertigung. Individualität und Eigenständigkeit gehen völlig verloren.*

Johannes Duschl: *Bei der Umstellung auf den neuen Studienplan wurden in erster Linie allgemein- und persönlichkeitsbildende Fächer gestrichen. In weiterer Folge ist zu befürchten, dass die Wirtschaft steigenden Einfluss auf die vermittelten Lehrinhalte haben wird, abhängig davon, welche Qualifikationen am Arbeitsmarkt kurzfristig gefragt sind. Ich denke nicht, dass es vorsätzlich darum geht, Kreativität oder Individualität abzuschaffen oder einzuschränken. Aber das Interesse, die Wissensvermittlung und ihre Ergebnisse zu kontrollieren, ist so groß, dass diese Einschränkungen und Eingriffe in Kauf genommen werden.*

Lena Berenberg-Goßler: *Ich frage mich immer, was eine Vereinheitlichung dieser Studien dem Arbeitgeber wirklich bringt. Was nützt es einem Firmenchef, wenn er zwanzig quasi gleiche Bewerbungen vor sich liegen hat? Zwanzig brav ausgefüllte Lebensläufe mit standardisierter Ausbildung; letztendlich erzählt das dem Arbeitgeber doch kaum etwas über die Personen, die er vielleicht einstellen wird.*

Johannes Duschl: *In technischen Studienrichtungen ist es natürlich einfacher, Wissen zu vermitteln, das zertifiziert werden kann. Es werden Methoden zum Lösen von Problemen vermittelt, die immer wieder angewandt werden können. Nach Absolvierung eines Studiums lassen sich so standardisierte Aussagen darüber treffen, welche Fähigkeiten und Qualifikationen jemand besitzt. Dennoch ist es in den technischen Studienrichtungen so, jedenfalls in der Informatik, dass bei der Umstellung auf die neuen Studienpläne, das wissenschaftliche Arbeiten an sich eingeschränkt und weniger gefördert wird. Das Vernetzen von Wissen, welches in unterschiedlichen Kursen vermittelt wird, kann aufgrund der Modularisierung der Studienpläne nur noch eingeschränkt stattfinden. Wissenschaftliches Arbeiten abseits von reiner Qualifizierung soll es nur mehr im Masterstudium geben, wo mehr Freiheiten, mehr Möglichkeiten der Vernetzung und der individuellen Schwerpunktsetzung Platz haben. Die Befürchtungen und die Kritik am Bachelor-Master System, so wie es bei uns jetzt eingeführt wird, ist zunächst, dass der Bachelor grundsätzlich nur dazu dient, den Arbeitsmarkt mit qualifizierten und billigen Arbeitskräften zu versorgen. In weiterer Folge können nur noch Ausgewählte im Masterstudium weiter studieren. Bereits eingeführte Beschränkungen von Masterstudien sind nur ein Vorzeichen dafür, was uns in diesem Zusammenhang noch erwartet. Auch kostenpflichtige Masterstudien sind meiner Meinung nach nicht unwahrscheinlich.*

Laura Kepplinger: *Ich denke, dass auch die Wirtschaft GeneralistInnen braucht, weil die Wirtschaft nicht ein abgekapseltes System ist, das in unserer Gesellschaft fernab „herumdünkelt". Aber ich denke, dass die Wirtschaft das oft auch nicht weiß oder wissen will oder wahr haben will, wenn man überhaupt von der Wirtschaft sprechen kann.*

Lena Berenberg-Goßler: *Ich glaube schon, dass die Verwertbarkeit von Allgemeinbildung oft unterschätzt wird – vielleicht ist sie auch einfach schwerer zu messen. Sie hat aber auf jeden Fall einen Wert und wird meiner Meinung nach auch gebraucht.*

Für unsere Gesellschaftsentwicklung ist es ungemein wichtig, dass wir moralische und ethische Grundsätze weiterhin vertreten und auch an den Mann und die Frau bringen. Deswegen reicht es auch nicht, nur auf Spezialisierung zu setzen und Einzelzweige auszubauen. Jeder Baum braucht einen Stamm, jede Gesellschaft braucht Generalisten.

Hartwig Skala: *Ich denke mir, dass vor allem Allgemeinbildung in der Wirtschaft enorm wichtig ist, weil ja Bildung nicht mit der Matura beziehungsweise mit dem Studienabschluss aufhört. Jeder Einzelne ist eingeladen, sich ständig weiterzubilden, weil das Leben im Grunde ein ewiger Lernprozess ist, sodass man eigentlich nur mit einem breiten Wissensstock erfolgreich werden kann.*

Johannes Duschl: *Die Wirtschaft will es oft nicht wahr haben, dass GeneralistInnen die wahrscheinlich bessere Wahl wären. Aber vor allem für die Gesellschaft ist es umso wichtiger, da Bildung kritisches Denken und Reflexion fördert. Eine Gesellschaft, in der jeder und jede nur danach strebt, die eigene Position zu verbessern, ist über kurz oder lang zum Scheitern verurteilt.*

d. Brüche in und zwischen Schule und Universität?

Johannes Duschl: *Ich denke, zwischen Schule und Universität gibt es weniger Widersprüche, es bestehen eher grundlegende Unterschiede. Im Studium kann ich mich freier bewegen, mehr selbständige Entscheidungen treffen. Gleichzeitig muss ich auch die Verantwortung für diese Entscheidungen übernehmen. Wenn ich nach dem Schulabschluss nicht weiß, was ich überhaupt studieren kann, worum es in den einzelnen Studienrichtungen tatsächlich geht, dann fördert das eine gewisse Unsicherheit. Natürlich kann ich mich an die Studienberatung wenden. Tatsächlich passiert das meistens erst kurz vor Semesterbeginn, das ist zu spät. Außerdem kommt es bei den meisten StudienanfängerInnen zu einer raschen Ernüchterung nach den ersten besuchten Lehrveranstaltungen. In der Schule überwiegt noch eine positive Vorstellung des Studierens. Du denkst nicht an überfüllte Hörsäle, versteckte Knock-Out-Prüfungen oder daran, nebenbei arbeiten zu müssen, um das Studium zu finanzieren.*

Laura Kepplinger: *Ja, aber hat das nicht sehr viel mit diesem neuen Lebensabschnitt zu tun? Ich habe schon den Eindruck, dass sehr viele fragen: „Wie funktioniert das mit der Familienbeihilfe?", „Wie funktioniert das mit dem Stipendium?", „Und wie funktioniert das mit Beurlaubung und Karenz?" und so weiter. In den fünf Jahren, wo ich in der Studienberatung tätig war, sind die Fragen sehr viel auf diese monetäre Ebene gegangen.*

Johannes Duschl: *Die Leute werden dazu getrieben, so zu denken. Wenn diese Sorgen nicht da wären, könnten sie wahrscheinlich freier und konzentrierter studieren.*

Laura Kepplinger: *Sicher! Wenn ich die Sicherheit habe, dass ich in einem System auch kritisch sein kann, ohne dass ich dann irgendwas versäume oder ich mit irgendwelchen negativen Konsequenzen rechnen muss, dann wird das Ganze auch viel offener und viel diskursiver. Mein Eindruck von den Menschen, die ich beraten habe, besonders am Semesteranfang, ist, dass der Tenor ist: durchbeißen, durchbeißen – irgendwann wird es schon spannender.*

Johannes Duschl: *Ja, aber als du noch in die Schule gegangen bist, stand nicht die Frage danach im Vordergrund, wie du möglichst schnell an alle Beihilfen kommst, sondern du hast dir Gedanken darüber gemacht, was du tatsächlich studieren willst. Da dominierte noch eine romantisierte Vorstellung von Leben und Alltag der Studierenden.*

Laura Kepplinger: *Natürlich, das war kritisch und romantisch; es war eine traumhafte Uni.*

Lena Berenberg-Goßler: *Bei der Zentralmatura kann man auch nichts pauschal sagen. Einerseits gibt es viele Schüler, die sich durch die strengen Regelungen eingeengt fühlen. Andererseits wird die Matura für viele Schüler dadurch vereinfacht. Mit der Zentralmatura wird natürlich das Niveau gesenkt. Es muss gesenkt werden, wenn man alle österreichischen Gymnasien auf einen Level bringen will. Aber es nimmt eben wirklich die Kreativität und den Lehrern auch ein Stück der individuellen Unterrichtsgestaltung. Alle Schüler in Österreich sollen ganz genau dasselbe lernen. Was nicht zur Matura kommt, wird im Unterricht nebensächlich. Für das, was nicht abgeprüft wird, fehlt – auch im Zuge der Stundenkürzungen – natürlich die Zeit, zum Beispiel die Zeit, ein aktuelles politisches Ereignis zu diskutieren. Und da sehe ich einen Widerspruch; für mich heißt Bildung nämlich auch, sich mit aktuellen Themen auseinanderzusetzen.*

e. Wie weiter?

Lena Berenberg-Goßler: *Ich glaube, dass wie meistens der goldene Mittelweg der beste ist. Man sollte einen Ausgleich schaffen zwischen einer gewissen, nötigen Vergleichbarkeit und einer komplett individuellen Schul- und Studiengestaltung. Die Zentralmatura sollte man zumindest auf die verschiedenen Schultypen abstimmen und unterscheiden, ob sie in einem Musikgymnasium ist oder ob in einem naturwissenschaftlichen Gymnasium maturiert wird. Ich würde mir wünschen, dass nicht alles über einen Kamm geschoren wird, sondern dass man Spielraum lässt. Außerdem bin ich für mehr Freiheit bei der Fächerwahl in der Oberstufe.*

Hartwig Skala: *Ja, aus meiner Sicht ist die Zentralmatura gar kein Thema. Die Lehrer sind nicht alle gleich, die Schüler sind nicht alle gleich. Wenn der Lehrer zum Beispiel vier Jahre mit einer Klasse ständig etwas zu tun hat und die Matura vorbereitet, dann werden er und die Schüler in der jeweiligen Individualität doch zu einem eingespielten Team. Und man weiß auch, wie kann man es am Besten für die Schüler machen, und zwar so, wie er es ihnen die letzten vier Jahre vermittelt hat und nicht so, dass etwas ganz anderes zur Matura kommt, was er niemals gelehrt hat.*

Johannes Duschl: *Naja, aus meiner Sicht wird Bildungspolitik in Österreich populistisch betrieben. Es werden Ziele verlautbart, die in einem bestimmten Zeitraum erreicht werden müssen. Es passiert lange wenig bis gar nichts und es bleibt bei halbherzigen Umsetzungen. Beispiel an den Schulen ist die Einführung der Zentralmatura. Das Ziel ist Vergleichbarkeit, negative Auswirkungen der Umsetzung dieses Ziels bleiben unbeachtet. An den Unis wiederum ist das beste Beispiel die Einführung der Bachelor-Master-Studienpläne. Der erste Bachelor-Master-Studienplan in Informatik an der JKU spiegelte eins zu eins das Diplomstudium wider. Man hat sich dabei nicht besonders viel gedacht. Es ging vorrangig darum das System umzustellen, ohne auf die längerfristigen Auswirkungen zu achten. Das Ergebnis war offensichtlich so schlecht, dass wir jetzt bereits den zweiten Bachelor-Master-Studienplan haben. Aus Prinzip wird versucht, allen Studienrichtungen, wenn diese auch noch so ungeeignet sind, das neue System aufzuzwingen. Das wurde besonders in letzter Zeit im Zuge der Studierendenproteste offensichtlich. Gerechtfertigte Kritik wird ignoriert. Die Politik ist nur oberflächlich an einem Dialog mit den Studierenden interessiert. Es geht weiterhin darum, die gesetzten Ziele umzusetzen, Argumente und Vorschläge der „anderen Seite" werden ignoriert. Aus diesem Grund müssen wir uns wünschen, dass an den Hochschulen ein Prozess der Re-Demokratisierung stattfindet.*

Laura Kepplinger: *Ich denke, es wäre spannend oder wichtig, sich auch als Universität einmal zu überlegen: Was macht eine Universität aus – im Gegensatz zu Fachhochschulen? Fachhochschulen bilden Fachkräfte aus. Die machen das schon etwas länger als Unis. Das ist eben die Frage: Was will und was kann eine Universität sein? Von Seiten der Studierenden spielt sicher eine Vermittlung am Arbeitsmarkt eine große Rolle. Das geht auch in vielen eher linksgeprägten Diskussionen immer unter. Natürlich spielt das eine immense Rolle. Darüber wäre wirklich ordentlich zu diskutieren: Was kann eine sechssemestrige Ausbildung? Was kann das unter diesen Voraussetzungen überhaupt alles sein? Und dann: Was soll sie sein oder was hätten wir gern?*

Johannes Duschl: *Forschen und wissenschaftliches Arbeiten haben an der Universität eine große Bedeutung. Es besteht die Gefahr, dass das verloren geht. Als eine Bildungseinrichtung, die nicht nur Wissen vermittelt, sondern auch neues Wissen generiert, muss die Universität, im Gegensatz zu anderen Einrichtungen wie Fachhochschulen, diesen Bildungsanspruch wieder vermehrt wahrnehmen und stellen. Sie darf sich, wie es jetzt mit den Bachelorstudiengängen geschieht, den Fachhochschulen nicht annähern und sich nicht mit diesen vergleichen. Universitäten vertreten einen grundsätzlich anderen Zugang zu Bildung und Wissen. Das muss auch nach außen hin so wahrgenommen werden. Hier findet Forschung und wissenschaftliches Arbeiten statt, das sollte in den Köpfen der Studierenden präsent sein.*

Laura Kepplinger: *Das ist eine grundsätzliche Sache. Die Uni ist eine wissenschaftliche Institution. Was heißt das konkret? Wahrscheinlich muss ich mich auf eine gewisse Länge hin arrangieren, aber wie weit? Ich denke, dass diese übereilte Umstellung ein Ausdruck eines zu weiten oder zu großzügigen Arrangements für die Wirtschaft auf Kosten der Uni ist.*

Ware oder wahre Bildung? Schlussbetrachtung

Der Deutsche Hochschulverband schreibt im März 2010 in seinem Newsletter (03/2010, 3):

„Die von der Bundesregierung eingesetzte Expertenkommission Forschung und Innovation (EFI) sieht erheblichen Nachbesserungsbedarf bei der Bologna-Reform. In ihrem Gutachten 2010, das am 24. Februar 2010 in Berlin übergeben wurde, gelangt sie zu dem Fazit, dass wichtige Reformziele verfehlt worden seien. Ein Studium sei für junge Leute kaum attraktiver geworden, die Zahl der Studienabbrüche nicht gesunken. Weder sei es geglückt, Schüler aus bildungsfernen Schichten für ein Studium zu gewinnen noch die internationale Mobilität zu verbessern. Gründe dafür lägen in der mangelnden Anpassung der Lehrinhalte an das neue Studiensystem und der Einschränkung der Wahlmöglichkeiten der Studierenden. Den Dozenten fehle aufgrund der höheren Lehrbelastung nicht nur Zeit für eine individuelle Beratung von Studierenden, sondern auch für Forschung."

Der Blick ins Nachbarland ist deshalb interessant, weil der dortigen Bilanz eine langjährige Erfahrung mit denjenigen Studiengängen zugrunde liegt, die jetzt in Österreich eingeführt worden sind. Er macht damit deutlich, dass die Erfahrungen und Befürchtungen, die in unserem Gespräch sichtbar geworden sind, nicht nur mit immer auch vorhandenen Umstellungsproblemen zu tun haben. Die Probleme sind grundsätzlicherer Art und die Fragen, die sich im Hinblick auf eine gesellschaftlich angemessene Entwicklung des Bildungssystems stellen, sind es auch.

Die Diskussionen und Proteste, die sich in Österreich angesichts der Einführung von Zentralmatura und Bachelor- und Masterstudiengängen entwickelt haben und die in anderen Ländern wie im zitierten Falle Deutschlands zumindest an den Hochschulen bereits eine Reform der Reform eingeleitet haben, bieten die Chance, solch eine grundsätzlichere Diskussion in Gang zu setzen. In unserem Gespräch scheinen viele Themen auf, zu denen die Diskussion nicht nur lohnen würde, sondern auch geboten ist. Eines davon ist die im Titel des Beitrags angesprochene Frage nach dem Verhältnis von Bildung als Ware und wahrer Bildung.

Sie verweist zurück auf das mit dem Namen Wilhelm von Humboldt verbundene Bildungsideal, das bis zur Mitte des letzten Jahrhunderts die gymnasiale und universitäre Ausbildung nicht nur im deutschsprachigen, sondern, was beinahe vergessen ist, auch im angloamerikanischen Raum geprägt hat. Es ist historisch mit der Aufklärung und mit der Vorstellung eines autonomen, das heißt in diesem Zusammenhang: urteilsfähigen Subjektes verbunden. Diese Urteilsfähigkeit mit hervorzubringen, wird der Bildung zugedacht und macht wahre Bildung aus. (vgl. Menze 1972)

Das Humboldt'sche Bildungsideal stellt gewiss kein Konzept dar, mit dem sich die gegenwärtigen Anforderungen an die schulische und universitäre Ausbildung ohne weiteres bearbeiten lassen. Deren Entwicklung ist nach der Initialzündung durch die studentischen Proteste der 1960er Jahre einerseits durch Reformprozesse gekennzeichnet, welche Bildungszugänge breiter als bis dato geöffnet haben. Andererseits ziehen seit den 1990er Jahren forciert die in der Einleitung dieses Beitrags schon angesprochenen, in erster Linie an wirtschaftlicher Effizienz orientierten Maßnahmen und Kriterien in das Bildungssystem ein, welche die berufsbezogene Verwertbarkeit von Bildung ins Zentrum rücken (vgl. Sambale/ Eick/ Walk 2008). Unter diesen Vorzeichen hält das Humboldt'sche Bildungsideal Vorstellungen dazu wach, was Bildung sein könnte.

In unserer Podiumsdiskussion im Kepler Salon Linz09 wurden wir gefragt, ob wahre und Ware Bildung denn nicht auch miteinander vereinbar sind. Im Anschluss an unser Gespräch lässt sich die Frage so beantworten: Unter derzeitigen Vorzeichen besteht die Gefahr, dass berufsbefähigende Abschlüsse erlangt werden können, ohne dass SchülerInnen und StudentInnen in wünschenswertem Ausmaß mit erkenntnisorientiertem Lernen und allgemeinbildenden Inhalten in Berührung gekommen sind (vgl. auch Nida-Rümelin 2006). Die Frage, wie Berufsbefähigung, Erkenntnisorientierung und Persönlichkeitsentwicklung so in Einklang zu bringen sind, dass Bildung Urteilsfähigkeit und beruflichen Ansprüchen gleichermaßen zuarbeitet, scheint uns für die gegenwärtige Diskussion dringlich und anregend zu sein.

Literaturverzeichnis

Deutscher Hochschulverband (Hg.); 2010: Newsletter 3/2010.
Menze, Clemens; 1972: Grundzüge der Bildungsphilosophie Wilhelm von Humboldts. In: Hans Steffen (Hg.): Bildung und Gesellschaft. Göttingen. S. 5-27.
Nida-Rümelin, Julian; 2006: Die Universität zwischen Humboldt und McKinsey. Perspektiven wissenschaftlicher Bildung. In: Ders: Humanismus als Leitkultur. München. S. 67-81.
Sambale, Jens/ Eick, Volker/ Walk, Heike (Eds.) 2008: Das Elend der Universitäten. Neoliberalisierung deutscher Hochschulpolitik. Münster.
Wächter, Bernd; 2004: The Bologna Process: developments and prospects. In: European Journal of Education, Vol. 39, No 3. S.265-273.

Johann Bacher

PISA –
Zulässige und unzulässige Schlussfolgerungen

Problemstellungen

Wie keine andere Studie hat PISA die bildungspolitische Diskussion der letzten Jahre geprägt. PISA ist Thema von politischen Kommentaren, Gegenstand von Diskussionsveranstaltungen, Argumentationshilfe bei bildungspolitischen Programmen, Gesprächsthema von Stammtischen und so weiter. Die Rezeption ist äußerst unterschiedlich und kontrovers. Begründet werden mit PISA zum einen sehr weit reichend bildungspolitische Schlussfolgerungen, wie zum Beispiel die Einführung einer Gesamtschule, das verpflichtende Kindergartenjahr. Intensiv diskutiert wurde auch die (fehlende) Integration von Kindern mit Migrationshintergrund in das österreichische Schulsystem, wobei es oft zu einfachen Schuldzuschreibungen an MigrantInnen dergestalt kam, dass sie für das schlechtere Abschneiden Österreichs verantwortlich seien.

Zum anderen wird PISA grundlegend in Frage gestellt. Kritisiert wird beispielsweise, dass sich in PISA der globale Neoliberalismus abbilde und PISA daher zu einer Uniformierung und Ökonomisierung von Bildung beitrage. Auch die methodische Qualität wird immer wieder in Frage gestellt.

Für bildungspolitisch Interessierte — sofern sie nicht eine vorgefertigte Meinung zu diesem Themenbereich haben — ist diese Situation verwirrend. Wer hat nun Recht? Welche Schlussfolgerungen sind wissenschaftlich haltbar? Welche nicht?

Der vorliegende Beitrag gibt eine Antwort auf diese Fragen. Dazu ist zunächst eine Darlegung der Ziele und des methodischen Vorgehens von PISA erforderlich. Erst mit dieser Basis ist eine Diskussion möglich, welche Aussagen und Schlussfolgerungen aus methodischer beziehungsweise statistischer Sicht zulässig sind und welche nicht.

Zielsetzungen von PISA

PISA (Programme for International Student Assessment (OECD 2004; OECD 2005; OECD 2007a, b; Schreiner u.a. 2007)) ist eine von der OECD durchgeführte internationale Bildungsvergleichsstudie. Ihre Ziele sind:

- die Messung von grundlegenden Kompetenzen in Lesen, Mathematik und in Naturwissenschaften sowie die Messung von Chancengleichheit am Ende der Pflichtschulzeit,
- der Bildungssystemvergleich auf Länderebene und
- die Bestimmung von Ursachen für Unterschiede in den Kompetenzen und in der Chancengleichheit.

PISA wurde erstmals 2000 mit dem Schwerpunkt Lesen (Hauptdomäne) durchgeführt (Übersicht 1). Die anderen beiden Bereiche (Mathematik und Naturwissenschaften) wurden nur in einer Kurzform erfasst. 2003 war Mathematik die Hauptdomäne, 2006 die Naturwissenschaften. 2009 wurde der Schwerpunkt Lesen repliziert. Die Ergebnisse werden im Dezember 2010 veröffentlicht.

Die Zahl der teilnehmenden Länder hat sich schrittweise erhöht (siehe Übersicht 1). 2006 wirkten 57 Länder mit (30 OECD-Mitgliedsstaaten und 27 Partnerländer).

Bei PISA soll nicht das erworbene Wissen erfasst werden. Es geht um grundlegende Fähigkeiten für eine erfolgreiche Teilnahme am gesellschaftlichen Leben, also nicht nur am wirtschaftlichen Leben (!). Die Kompetenzen sind wie folgt definiert:

„Lese-Kompetenz heißt, geschriebene Texte zu verstehen, zu nutzen und über sie zu reflektieren, um eigene Ziele zu erreichen, das eigene Wissen und Potenzial weiterzuentwickeln und am gesellschaftlichen Leben teilzunehmen" (OECD 1999 zit. in Haider/ Reiter 2004: 25).

Mathematikkompetenz ist „[…] die Fähigkeit einer Person, die Rolle zu erkennen und zu verstehen, die die Mathematik in der Welt spielt, fundierte mathematische Urteile abzugeben und sich auf einer Weise mit Mathematik zu befassen, die den Anforderungen des gegenwärtigen und künftigen Lebens dieser Person als konstruktivem, engagiertem und reflektiertem Bürger entspricht" (OECD 1999 zit. in Haider/ Reiter 2004: 24).

Übersicht 1: Studiendesign von PISA2000, PISA2003 und PISA2006

	PISA2000	PISA2003	PISA2006
Zahl der Länder	32	41	57
Zieljahrgang	1984	1987	1990
Testbereiche			
Hauptdomäne	Lesen 141 Aufgaben	Mathematik 85 Aufgaben	Naturwissenschaften 108 Aufgaben
Nebendomäne	Mathematik 32 Aufgaben Naturwissenschaften 35 Aufgaben	Naturwissenschaften 35 Aufgaben Lesen 28 Aufgaben Problemlösungsfähigkeit 19 Aufgaben	Lesen 28 Aufgaben Mathematik 48 Aufgaben
Stichprobe Österreich			
Zahl der ausgewählten Schulen (Österreich)	n=213*	n=193*	n=203
Zahl der getesteten Schulen	n=213* (100%)	n=192* (99,0%)	n=197 (97,0%)
Zahl der ausgewählten SchülerInnen	n=5480*	n=4939*	n=5263
Zahl der getesteten SchülerInnen	n=4745* (86,6%)	n=4575* (92,6%)	n=4927 (93,6%)
Genauigkeit der Stichprobe	±0,9% (Lesen)** ±1,0% (Mathe)** ±1,0% (Nawi)**	±1,3% (Mathe) ±1,5% (Nawi) ±1,5% (Lesen)	±1,5% (Nawi) ±1,7% (Lesen) ±1,5% (Mathe)

* Für 2000 und 2003 treten leicht abweichende Zahlenangaben zwischen nationalem und internationalem Bericht auf. Vermutlich sind diese durch unterschiedliche Betrachtung (gewichtet versus ungewichtet, ohne bzw. mit Ersatz) bedingt.
** Unkorrigierte Ergebnisse entsprechend OECD (2001)
Quellen: OECD (2001: 14, 235, 239-241), Haider (2001: 193, 196); OECD (2004: 327), Reiter u.a. (2006: 124-127); OECD (2007a: 355-358); Schreiner/Haider (2007: 114-130)

Methodisches Vorgehen bei PISA

Zur Messung der Kompetenzen werden Testaufgaben entwickelt und zu Testheften zusammengestellt. Für die Hauptdomäne werden Subdimensionen spezifiziert. Für Mathematik waren dies 2003 (vgl. Haider/ Reiter 2004: 24; OECD 2005): Raum und Form, Veränderung und Zusammenhänge, Unsicherheit und Größen. Die Nebendomänen werden eindimensional konzipiert.

Die Testentwicklung und Aufgabenauswahl (vgl. Haider/ Reiter 2004: 26-27; OECD 2005: 15-43) erfolgt unter der Federführung von internationalen Testzentren. Für die Mathematikaufgaben waren zuständig: ACER (Australian Council for Educational Research) in Australien, CITO (National Institute for Educational Measurement) in den Niederlanden und NIER (National Institute for Educational Research) in Japan. Die teilnehmenden Länder können Testaufgaben einreichen. 2003 stammten zwei der 85 Mathematikaufgaben von Österreich (vgl. OECD 2005: 413). Die finale Entscheidung wird vom Governing Board getroffen, dem alle beteiligten Länder angehören, wobei nur die OECD-Mitgliedsländer stimmberechtigt sind.

Damit eine Testaufgabe aufgenommen wird, muss sie einen strengen Test durchlaufen (vgl. OECD 2005: 15-31). Erforderlich sind eine kognitive Pre-Testung, ein nationaler Pre-Test und die Bewährung in einem umfangreichen Feldtest, der ein Jahr vor PISA international an kleineren nationalen Samples durchgeführt wird.

Für 2003 beispielsweise wurden für den Haupttest insgesamt 85 Mathematikaufgaben (Hauptdomäne), 35 Naturwissenschaftsaufgaben, 25 Leseaufgaben und 19 Problemlösungsaufgaben ausgewählt. Die Beantwortung aller Testaufgaben durch jeden Schüler/jede Schülerin ist unmöglich. Daher werden die Testaufgaben zu Clustern (Gruppen) zusammengefasst. Aus den Clustern werden Testhefte entwickelt. 2003 wurden 13 Testhefte mit einer Bearbeitungszeit von zwei Stunden und ein weiteres Testheft für SonderschülerInnen mit einer kürzeren Bearbeitungszeit von einer Stunde entwickelt (vgl. OECD 2005: 15-31).

Durch dieses Vorgehen soll gewährleistet werden, dass die untersuchten Kompetenzen umfassend optional erhoben werden. Da jeder Schüler/jede Schülerin nur einen kleinen Teil der Aufgaben löst, sind Aussagen über die Kompetenzen eines Schülers/einer Schülerin im Sinne einer Diagnose nicht mehr möglich. Auch Aussagen über das Kompetenzniveau einer Schule sind nicht möglich, da die Teilpopulation zu klein ist. Möglich sind aber Aussagen über die Kompetenzverteilung der Gesamtpopulation eines Landes und über Teilpopulationen (zum Beispiel Geschlecht), sofern diese ausreichend groß sind (siehe dazu später). Dafür ist ein „Hochrechnungsverfahren" (vgl. OECD 2005: 120-123) erforderlich, das im Wesentlichen darin besteht, dass auf der Basis der vorhandenen Informationen für jeden Schüler/jede Schülerin eine Hochrechnung durchgeführt wird, welche Punkte erreicht worden wären, wenn alle Aufgaben beantwortet worden wären.

Zielgruppe von PISA sind SchülerInnen am Ende der Pflichtschulzeit. Dazu wird für jeden PISA-Test ein bestimmter Zieljahrgang ausgewählt, der gewährleistet, dass die SchülerInnen zum Testzeitpunkt 15 beziehungsweise 16 Jahre alt sind. 2003 war die Zielgruppe der Geburtsjahrgang 1987, 2006 folglich der Geburtsjahrgang 1990 (siehe Übersicht 1).

Die Stichprobenziehung erfolgt in der Regel mittels eines mehrstufigen Stichprobenverfahrens (vgl. OECD 2005: 45-66). In einem ersten Schritt werden zufällig Schulen ausgewählt, in einem zweiten Schritt SchülerInnen des Zieljahrgangs in den ausgewählten Schulen. Gehören in einer Schule mehr als 35 SchülerInnen der Zielgruppe an, werden zufällig 35 für den Test ausgewählt, andernfalls findet eine Vollerhebung statt.

Durch die Begrenzung der SchülerInnenzahl je Schule wird versucht, den sogenannten Klumpeneffekt zu reduzieren. Dieser entsteht dann, wenn sich die Elemente eines Klumpens (hier die SchülerInnen einer Schule) hinsichtlich des untersuchten Merkmals sehr ähnlich sind. Ist dies der Fall, besitzt statistisch betrachtet jedes Element nur einen geringen Informationswert. Sind alle Elemente eines Klumpens gleich, genügt es statistisch, ein Element zu befragen, um die erforderliche Information zu erhalten.

Die in PISA getesteten Länder unterscheiden sich stark in diesem Klumpeneffekt. In Österreich ist er relativ groß, in Finnland dagegen sehr klein. Inhaltlich bedeutet ein starker Klumpeneffekt, dass zwischen den Schulen große Unterschiede bestehen.

Zur Erhöhung der Stichprobengenauigkeit wird in vielen Ländern eine Schichtung der Schulen vorgenommen. Durch eine Schichtung kann die Genauigkeit einer Stichprobe dann erhöht werden, wenn das Schichtungsmerkmal mit dem Untersuchungsmerkmal korreliert. Dies ist in Österreich der Fall. Die Schulen werden nach Schulformen geschichtet und die Schulform korreliert mit dem Leistungsniveau. Zusätzlich werden aber zwei Restschichten von kleinen und sehr kleinen Schulen gebildet, die den Genauigkeitsgewinn, aber auch den Erhebungsaufwand wieder reduzieren.

Insgesamt wurde in PISA2003 und 2006 eine Genauigkeit von ca. ±1,5 Prozent in Österreich erreicht. Das heißt, dass der jeweilige Mittelwert mit einer Sicherheit von 95 Prozent auf ±1,5 Prozent geschätzt werden kann. Beträgt der Mittelwert also zum Beispiel 495 Punkte, so liegt der Mittelwert mit einer Wahrscheinlichkeit von 95 Prozent im Intervall $495 \pm 0{,}015 \times 495 = 495 \pm 7{,}4$. Dies ist ein außerordentlich guter Wert für eine sozialwissenschaftliche Untersuchung. In PISA2000 ist die Genauigkeit für die nicht-korrigierten Daten sogar noch größer, dafür sind aber die Durchschnitte verzerrt geschätzt, da BerufsschülerInnen untererfasst sind. Diese Untererfassung führt zu einer Überschätzung der Testleistungen, aber auch zu einer geringeren Streuung dieser, da die Leistungen der BerufsschülerInnen im unteren Bereich liegen (siehe dazu später).

Die Ergebnisse von PISA werden eineinhalb Jahre nach der Datenerhebung im Dezember des Folgejahres von der OECD veröffentlicht. Zeitgleich erscheint in Österreich ein nationaler Bericht, der die wesentlichen Ergebnisse zusammenfasst.

Nach der Veröffentlichung der Ergebnisse werden alle Daten, einschließlich der Berichte, von der OECD auf der Homepage frei geschaltet. Interessierte können die Daten frei herunterladen und re-analysieren. Das methodische Vorgehen wird ausführlich in technischen Berichten sowohl von der OECD (zum Beispiel OECD 2005) als auch vom nationalen Zentrum in Österreich (zum Beispiel Reiter u.a. 2006) dokumentiert. In der Folge erscheinen vertiefende Berichte zu einzelnen Themen oder für einzelne Länder.

Zentrale Ergebnisgrößen

Zentrale Ergebnisgrößen sind:

- Durchschnittliches Kompetenzniveau. Dazu wird für jedes Land beziehungsweise die untersuchte Teilgruppe der Mittelwert aus den Hochrechnungsergebnissen ermittelt. Die Kompetenzverteilungen sind so normiert, dass bei der ersten Messung der Mittelwert in allen OECD-Staaten 500 und die Standardabweichung 100 ist. 2003 erzielte Österreich in Mathematik einen Mittelwert von 506 (±6,6)[1]. Im Lesen betrug der Mittelwert 491 (±7,4), in den Naturwissenschaften ebenfalls 491 (±6,8) (vgl. Haider/Reiter 2004: 175-177). 2006 gab es nur geringe Änderungen. Die Mittelwerte waren: Naturwissenschaften = 511 (±7,8); Lese-Kompetenzen = 490 (±8,2); Mathematik = 505 (±7,4) (vgl. Schreiner 2007: 72-78).
- Verteilung auf die Kompetenzstufen. Die Kompetenzskalen für die einzelnen Dimensionen werden zu Stufen zusammengefasst. Für die Mathematikkompetenzen wurden 2003 sieben Kompetenzstufen gebildet. Von besonderem Interesse sind die unteren und oberen Kompetenzstufen. Sie werden als Risiko- und Spitzengruppe betrachtet.
- Risiko- und Spitzengruppe. Damit sind SchülerInnen mit sehr geringen und sehr hohen Kompetenzen gemeint. In Mathematik beispielsweise werden der Spitzengruppe SchülerInnen mit einem Skalenwert größer/gleich 670 zugeordnet. Als Risikogruppe werden SchülerInnen mit Skalenwerten kleiner/gleich 420 betrachtet (vgl. Haider/ Reiter 2004: 34). In Österreich gehörten 2003 und 2006 der Spitzengruppe in Mathematik 4 Prozent aller getesteten SchülerInnen an (vgl. Haider/ Reiter 2004: 173; Schreiner 2007: 78). Die Risikogruppe in Mathematik wurde 2003 von 19 Prozent gebildet (vgl. Haider/Reiter 2004: 102-

---

1 In Klammer ist das 95%-Vertrauensintervall angeführt. D.h. der Mittelwert von 506 liegt mit einer Sicherheit von 95% im Intervall von 506 ± 6,6 = 499,4 bis 512,6.

104; 173), 2006 waren es 20 Prozent (vgl. Schreiner 2007: 78). Ein ähnliches Bild ergibt sich im Lesen und in den Naturwissenschaften
- Sozialer Gradient. Dieser misst die Abhängigkeit der Testleistungen vom sozio-ökonomischen Hintergrund. Umso höher der Wert ist, desto stärker ist die Abhängigkeit der Testleistungen von der sozialen Herkunft (Bildung und berufliche Position der Eltern). Alle bisher durchgeführten Analysen ermittelten dabei für Österreich eine starke Selektivität, also einen hohen sozialen Gradienten. In Form von Korrelationen ausgedrückt ergibt sich folgendes Bild (vgl. Bacher 2007: 20): In Österreich korrelieren die Testleistungen mit der höchsten beruflichen Position der Eltern mit 0,36 (ein für repräsentative Untersuchungen hoher Wert), in Finnland oder Schweden betragen die Korrelationen nur 0,24 beziehungsweise 0,29.
- Einfluss von Schulsystemfaktoren auf das Kompetenzniveau und die soziale Selektivität. Dazu werden häufig Mehrebenenanalysen mit zwei oder drei Ebenen (Land – Schule – SchülerIn) gerechnet. Auf der Systemebene (Land) werden Schulsystemfaktoren wie frühe Selektion, Zahl der wählbaren Schulformen, Grad der schulischen Autonomie und so weiter einbezogen. In allen bisher durchgeführten Studien konnte eine ungleichheitsreduzierende Wirkung einer späten Erstselektion nachgewiesen werden (vgl. Bacher 2007; Bacher/ Leitgöb 2009; OECD 2004: 262-265; OECD 2007: 213-279; Schütz/ Wößmann 2005). Ein Zahlenwert zur Verdeutlichung (vgl. Bacher 2007: 23): In Ländern der EU mit einem Gesamtschulsystem bis 16 Jahren korrelieren Testleistungen und höchste berufliche Position der Eltern im Durchschnitt mit 0,28, in den Ländern ohne Gesamtschulsystem hat die durchschnittliche Korrelation einen Wert von 0,35.

Nachfolgende drei Beispiele sollen verdeutlichen, was mit niedrigen, mittleren und hohen Kompetenzen gemeint ist:

- Geringe Kompetenzen (vgl. Schreiner u.a 2007: 41). Die Aufgabe lautet: „Die folgende Abbildung zeigt eine Treppe mit 14 Stufen und einer Gesamthöhe von 252 cm." Nach der Aufgabendefinition wird die Treppe graphisch dargestellt. Eingetragen sind die Gesamthöhe von 252 cm und die Gesamttiefe von 400 cm. Gesucht wird die Höhe jeder der 14 Stufen. Die Aufgabe hat einen Schwierigkeitsgrad von 421 Punkten. 2006 verfügten circa 80 Prozent der österreichischen SchülerInnen über entsprechende Kompetenzen. 20 Prozent über geringere und konnten die Aufgabe nur mit einer Wahrscheinlichkeit kleiner 62 Prozent lösen. Die Aufgabe ist durch einfache Division (252:14=18) lösbar. Der Einsatz eines Taschenrechners ist erlaubt.

- Mittlere Kompetenzen (vgl. Haider/ Reiter 2004: 38): Vorgegeben werden vier aufgefaltete Würfel. Die SchülerInnen sollen für jede Würfelabbildung angeben, ob sie sich zu einem Würfel zusammenfalten lässt, der die Bedingungen erfüllt, dass die Summe von zwei gegenüberliegenden Seiten immer gleich 7 ist. Die Regel wird zuvor graphisch verdeutlicht. Die Aufgabe hat einen Schwierigkeitsgrad von 503, entspricht also in etwa dem OECD-Durchschnitt. 2006 hatten 53 Prozent der in Österreich getesteten SchülerInnen entsprechende Kompetenzen, das heißt sie konnten die Aufgabe mit einer Wahrscheinlichkeit von 62 Prozent oder höher lösen. Die Aufgabe kann wie folgt gelöst werden: Es muss jeweils eine Fläche ausgelassen werden. Die Summe der an die ausgelassene Fläche angrenzenden Flächen muss 7 ergeben.
- Hohe Kompetenzen (vgl. Haider/ Reiter 2004: 39). Dargestellt wird ein Balkendiagramm, das die Entwicklung der Raubüberfälle für die Jahre 1998 und 1999 zeigt. Die Y-Achse beginnt mit 505. Der Wert für 1998 liegt zwischen 505 und 510, jener von 1999 knapp über 515. Die Abbildung wird von einem Fernsehreporter dahingehend interpretiert, dass die Zahl der Raubüberfälle stark gestiegen ist. Die SchülerInnen sollen angeben, ob sie die Aussage des Reporters für eine vernünftige Interpretation halten und ihre Antwort begründen. Die Aufgabe hat einen Schwierigkeitsgrad von 694 Punkten. Nur 1 Prozent der österreichischen SchülerInnen verfügten 2006 über entsprechende Kompetenzen. Die korrekte Antwort auf die Frage ist „nein". Als Begründung kann angeführt werden, dass die Zunahme kleiner 2 Prozent ist. Von einem starken Anstieg kann daher nicht gesprochen werden.

Zulässige und unzulässige statistische Schlussfolgerungen aus PISA

a. Voraussetzungen

Ziel von PISA sind Aussagen über die Kompetenzen und die Kompetenzverteilung von SchülerInnen eines bestimmten Jahrgangs für Länder und Teilpopulationen in diesen, Aussagen über die soziale Selektivität (Chancengleichheit) eines Schulsystems und über den Einfluss von Schulsystemfaktoren und anderen Faktoren auf Kompetenzen und soziale Ungleichheit.

Damit diese Aussagen statistisch zulässig sind, müssen bestimmte Voraussetzungen erfüllt sein (vgl. Groves u.a. 2004). Diese sind:

- Die Untersuchung muss repräsentativ sein, das heißt sie sollte ein verkleinertes Abbild der Grundgesamtheit sein, also der SchülerInnen eines bestimmten Jahrgangs eines Landes.
- Die Messinstrumente müssen valide sein, das heißt sie müssen das messen, was sie zu messen beabsichtigen, in PISA also grundlegende Kompetenzen in den untersuchten Bereichen und soziale Selektivität.
- Für kausale Fragestellungen kommt hinzu, dass der angenommene kausale Zusammenhang theoretisch ableitbar und empirisch prüfbar ist. Zusätzlich müssen alle Variablen, die in die Analysen einbezogen werden, valide gemessen sein.

Konkret bedeuten diese Voraussetzungen:

- Aussagen über die Kompetenzen, die Kompetenzverteilung und die soziale Selektivität des Schulsystems in einem Land sind dann zulässig, wenn die untersuchte Population repräsentativ für die Gesamtheit der SchülerInnen eines bestimmten Zieljahrgangs ist. Dies wäre zum Beispiel dann nicht der Fall, wenn die verwendeten Auswahllisten (Auswahlliste aller Schulen, Auswahllliste von SchülerInnen der Zielgruppe in den ausgewählten Schulen) fehlerhaft sind, die Stichprobe zu klein gewählt wurde, bei der Testung systematische Ausfälle auftreten und/oder bei der Datenaufbereitung Fehler bei der Gewichtung gemacht werden.
- Zusätzlich müssen die Instrumente valide sein. Das heißt. die verwendeten Tests müssen tatsächlich grundlegende Kompetenzen erfassen. Bezüglich der sozialen Selektivität müssen nicht nur die grundlegenden Kompetenzen valide gemessen werden, sondern auch die soziale Herkunft. Bei der Kausalanalyse müssen zusätzlich alle in die Analysen einbezogenen Variablen valide gemessen sein. Die Validität wäre zum Beispiel dann nicht gegeben, wenn die Mathematikitems nicht mathematische Kompetenzen messen, sondern Lesefähigkeit, Körpergewicht oder allgemeine Intelligenz. Sie wäre auch nicht erfüllt, wenn die erfassten Kompetenzen für eine erfolgreiche Teilnahme am gesellschaftlichen Leben nicht erforderlich sind (kriterienbezogene Validität), wenn also beispielsweise SchülerInnen mit hohen und niedrigen Kompetenzen gleich erfolgreich am gesellschaftlichen Leben teilnehmen. Validität wäre auch nicht gegeben, wenn die SchülerInnen rein zufällig antworten oder wenn die Personen, die die offenen Testaufgaben korrigieren, Fehler machen.
- Da bei PISA ein Ländervergleich durchgeführt wird, müssen die genannten Bedingungen in allen Ländern, die in einen Vergleich einbezogen werden, erfüllt sein. Zusätzlich müssen die verwendeten Tests interkulturell vergleichbar sein.

b. Repräsentativität

Bezüglich der Stichprobenziehung und damit der Repräsentativität gibt es strenge Qualitätsvorgaben. So müssen beispielsweise auf Schulebene mindestens 85 Prozent der ausgewählten Schulen (ohne Ersatzschulen) teilnehmen und auf SchülerInnenebene mindestens 80 Prozent (gewichtet). Die erste Bedingung wurde 2003 von Großbritannien nicht erfüllt (OECD 2005: 171).

Durch diese Qualitätsvorschriften wird eine hohe Partizipationsquote erreicht, die vielfach über 90 Prozent oder knapp darunter liegt (siehe Tabelle 1), wenn Ersatzschulen für Ausfälle mit eingeschlossen werden. Trotz der Qualitätsvorgaben können Probleme und Verzerrungen auftreten. In Österreich war dies in PISA2000 der Fall (vgl. Neuwirth 2006). BerufsschülerInnen wurden untererfasst mit dem Effekt, dass die Testleistungen deutlich überschätzt wurden (ebd.). Die Überschätzung führte dann 2003 zu dem medial und politisch viel diskutierten „Absturz" Österreichs. Ein Absturz lag nicht vor, Österreich erzielte bereits 2000 schlechtere Leistungen. Auch 2003 kam es zu leichten Verzerrungen. Mädchen in Allgemeinbildenden Höheren Schulen waren leicht überrepräsentiert. Diese Verzerrungen erklärten einen Teil der für Österreich gefundenen Geschlechterunterschiede (vgl. Bacher/ Paseka 2006; Neuwirth 2006).

Fehler der genannten Art sind in empirischen Untersuchungen unvermeidbar. Entscheidend ist, sie möglichst gering zu halten und sich über mögliche Konsequenzen bewusst zu sein. Eine Konsequenz einer geringen Teilnahme in einem Land könnte sein, dass die Testleistungen verzerrt geschätzt werden, wie dies von einigen KritikerInnen von PISA angeführt wird (vgl. Wuttke 2006: 108-111). Dies wäre dann der Fall, wenn die „schlechteren" SchülerInnen häufiger ausfallen als die „besseren". Bei dieser Konstellation würden die Testleistungen des Landes überschätzt werden. Ob dies empirisch der Fall ist, kann dadurch geprüft werden, dass die TeilnehmerInnenrate pro Land mit den durchschnittlichen Testleistungen in Beziehung gesetzt wird. Es besteht für die westlichen Länder (europäische Länder, USA, Japan, Australien, Neuseeland) kein signifikanter Zusammenhang zwischen der Teilnahmequote und den durchschnittlichen Testleistungen. Die Korrelationen (siehe Tabelle 1) sind mit Werten von 0,146 beziehungsweise 0,102 gering. Verzerrungen durch unterschiedliche Teilnahmequoten können somit für diese Länder weitgehend ausgeschlossen werden.

Zielgruppe von PISA sind SchülerInnen eines bestimmten Zieljahrganges. Der Zielgruppe nicht angehören Jugendliche des Zieljahrganges, die bereits die Schule verlassen haben. Analog zur Teilnahmequote kann gefragt werden, ob ein Zusammenhang zwischen der sogenannten „Out-of-School-Population" und den Testleistungen besteht. Zu vermuten wäre, dass ein Land bessere Testleistungen erzielt, wenn die schlechteren SchülerInnen nicht mehr zur Schule gehen, wenn also der An-

Tabelle 1: Teilnahmequote und Out-Of-School-Population von ausgewählten Ländern

Land	Größe des Zieljahr-gangs	Schülerpop. des Zieljahr-gangs	hochge-rechnete Schülerzahl (a)	Partizi-pations-quote (b)	Out-of-School-Population (c)	Test-leistung (d)
AUT	94.515	89.049	85.931	96,50	5,78	496
BEL	120.802	118.185	111.831	94,62	2,17	515
CHE	83.247	81.020	80.011	98,75	2,68	513
CZE	130.679	126.348	121.183	95,91	3,31	509
DEU	951.800	916.869	884.358	96,45	3,67	499
DNK	59.156	58.188	51.741	88,92	1,64	494
ESP	454.064	418.005	344.372	82,38	7,94	484
FIN	61.107	61.107	57.883	94,72	0,00	545
FRAU	809.053	808.276	734.579	90,88	0,10	506
GBR	768.180	736.785	698.579	94,81	4,09	- (e)
GRC	111.286	108.314	105.131	97,06	2,67	466
HUN	129.138	123.762	107.044	86,49	4,16	492
IRL	61.535	58.997	54.850	92,97	4,12	508
ISL	4.168	4.112	3.928	95,53	1,34	501
ITA	561.304	574.611	481.521	83,80	-2,37	476
LET	37.544	37.138	33.643	90,59	1,08	488
LIC	402	348	332	95,40	13,43	529
LUX	4.204	4.204	3.923	93,32	0,00	485
NLD	194.216	194.216	184.943	95,23	0,00	525
NOR	56.060	55.648	52.816	94,91	0,73	493
POL	589.506	569.294	558.752	98,15	3,43	495
POR	109.149	99.216	96.857	97,62	9,10	471
SVK	84.242	81.945	77.067	94,05	2,73	487
SWE	109.482	112.258	107.104	95,41	-2,54	510
AUS	268.164	250.635	235.591	94,00	6,54	525
CAN	398.865	399.265	330.436	82,76	-0,10	526
JPN	1.365.471	1.328.498	1.240.054	93,34	2,71	527
NZL	55.440	53.293	48.638	91,27	3,87	522
USA	3.979.116	3.979.116	3.147.089	79,09	0,00	490
	Korrelation mit Testleistungen (Pearson r)			0,146	0,018	1,000
	Korrelation mit Testleistungen (tau$_b$)			0,102	-0,035	1,000

(a) Hochgerechnete SchülerInnenzahl: auf Grund der erhobenen Daten hochgerechnete SchülerInnenzahl
(b) Hochgerechnete SchülerInnenzahl dividiert durch SchülerInnenzahl
(c) Differenz Gesamtpopulation minus SchülerInnenzahl dividiert durch GesamtschülerInnenzahl
(d) Durchschnitt der drei Testbereiche.
(e) Mindestquote für Schulen nicht erfüllt.

Quelle: OECD (2005), PISA2003; eigene Berechnungen

teil der Out-of-School-Population hoch ist (vgl. Wuttke 2006: 104-105). Diese Vermutung trifft nicht zu. Es besteht kein statistisch nachweisbarer Zusammenhang zwischen der Out-of-School-Population und den Testleistungen (siehe Tabelle 1). Die entsprechenden Korrelationen sind Null. Tabelle 1 bringt aber eine Inkonsistenz der Daten zum Vorschein. In manchen Ländern, wie in Italien, Schweden oder Kanada, ist die Testpopulation größer als die Gesamtpopulation, sodass die Out-of-School-Population negativ ist. Eine Ursache hierfür kann sein, dass Bevölkerungszahl und Schulstatistik unterschiedlich geführt werden und die Schulstatistik möglicherweise Mehrfacherfassung beinhaltet. Auf die Datenqualität von PISA hat dies nur insofern Einfluss, dass möglicherweise mit falschen Werten der Grundgesamtheit gewichtet wird. Untersuchungen, wie stark sich diese eventuell vorhandenen Gewichtungsfehler auf die Ergebnisse auswirken, fehlen. Für kausale Mehrebenenmodelle konnte ein Effekt der Gewichtung nachgewiesen werden (vgl. Zaccarin/ Donati 2008).

Eine weitere Voraussetzung für Repräsentativität ist eine bestimmte Mindestgröße der Stichprobe. Das verwendete komplexe Stichprobendesign führt in der Regel zu einem Genauigkeitsverlust, der durch den so genannten Designeffekt beziehungsweise die daraus abgeleitete effektive Stichprobengröße gemessen wird (vgl. OECD 2005: 174-179). Die effektive Stichprobengröße gibt an, wie groß eine einfache Zufallsauswahl sein müsste, um dieselbe Genauigkeit zu erzielen. Die effektiven Stichprobengrößen von Österreich für die über 4000 getesteten SchülerInnen liegen bei etwas über 800 SchülerInnen (vgl. OECD 2005: 179). Das heißt, dass dieselbe Genauigkeit erzielt worden wäre, wenn aus einer Liste aller SchülerInnen des Zieljahrgangs etwa 800 zufällig ausgewählt und zu einem Test eingeladen worden wären.

Durch das komplexe Design und dem damit verbundenen Genauigkeitsverlust ergeben sich Restriktionen bei der Analyse von Subpopulationen, da die effektiven Stichprobengrößen rasch sehr klein werden. So zum Beispiel basiert die effektive Stichprobengröße für Wien auf ca. 100 Fällen (vgl. Bacher 2006: 48), sodass Vergleiche oder Aussagen, dass Wien am schlechten Abschneiden von Österreich schuld sei (siehe Die PRESSE vom 12./13.2.2005: 1; oder OÖN vom 12.6.2007: 1 und 5), nicht zulässig sind. Aussagen über den Migrationshintergrund liegen ebenfalls sehr kleine effektive Stichproben zugrunde. Die effektiven Stichprobengrößen variieren zwischen $n_{eff}=205$ im Lesen (PISA2003) und $n_{eff}=271$ in Naturwissenschaften (PISA2003; effektive Stichprobengröße in Mathematik $n_{eff}=267$). Aus statistischer Sicht ist daher bei Analysen zum Migrationshintergrund Vorsicht angebracht, insbesondere bei weiteren Differenzierungen nach erster und zweiter Generation oder nach Herkunftsland. Von einem Migrationshintergrund wird in PISA dann gesprochen, wenn beide Elternteile im Ausland geboren sind. Die erste Generation liegt dann vor, wenn auch der getestete Schüler/die getestete Schülerin im Ausland geboren ist. Sind nur die Eltern im Ausland geboren, wird von der zweiten Generation gesprochen.

Das schlechtere Abschneiden Österreichs kann nur partiell durch die schlechteren Testleistungen der SchülerInnen mit Migrationshintergrund erklärt werden. Werden beispielsweise für PISA2006 nur die SchülerInnen ohne Migrationshintergrund berücksichtigt, verbessert sich Österreich in Mathematik bei einem Vergleich mit den anderen europäischen Staaten, Japan, Australien, Neuseeland, Kanada und den USA nur um einen Rangplatz von Rang 14 (Spannweite Rang 10 bis 18)[2] auf Rang 13 (Spannweite Rang 7 bis 20).

Als Zwischenfazit lässt sich festhalten, dass Repräsentativität in der Regel in den hier betrachteten teilnehmenden Ländern gegeben ist. Die Teilnahmequoten sind hoch, zwischen Teilnahmequote und Testleistungen einerseits sowie zwischen Out-of-School-Population und Testleistungen andererseits kann kein statistischer Zusammenhang nachgewiesen werden. Die Stichproben sind ausreichend groß. Probleme können auftreten, wenn Aussagen über Subgruppen gemacht werden, da die effektiven Stichprobengrößen zu klein werden.

c. Validität der Testinstrumente

Auch die Konstruktion und Auswahl der Testaufgaben unterliegt einem strengen Qualitätsprozess, der bereits im dritten Abschnitt skizziert wurde. Zur Sicherung der internationalen Vergleichbarkeit finden Mehrfachübersetzungen in Französisch und Englisch statt (vgl. OECD 2005: 23). Zur formalen Gültigkeitsprüfung und zur Skalierung wird eine Weiterentwicklung des Raschmodells eingesetzt (vgl. OECD 2005: 120), das sogenannte gemischte multinomiale Logitmodell, das auch eine Analyse von mehr als zwei Ausprägungen erlaubt.

Untersucht wird bei der Auswertung, ob die Annahme der spezifischen Objektivität erfüllt ist. Damit ist gemeint, dass die Anordnung der Items nach Schwierigkeit unabhängig von den getesteten SchülerInnen ist. Konkret bedeutet dies, dass die Schwierigkeiten der Items beziehungsweise die Lösungswahrscheinlichkeiten in jedem Land annähernd gleich sein sollten. Ist dies nicht der Fall, wird die Aufgabe insgesamt oder für das entsprechende Land bei der Skalenkonstruktion eliminiert. Bei PISA2003 wurden insgesamt zwei Items eliminiert und länderspezifisch weitere 19 Items (ohne Problemlösen; OECD 2005: 190). Auch Effekte der Testhefte werden analysiert und im Schätzmodell berücksichtigt (ebd.).

Eine weitere Implikation der spezifischen Objektivität ist, dass bei größeren Kompetenzen die Lösungswahrscheinlichkeit für jede Aufgabe größer ist. Das heißt, es besteht ein monotoner Zusammenhang zwischen Kompetenz und Lösungswahr-

---

2 Die Spannweite von 10 bis 18 bedeutet, dass sich Österreich nicht signifikant vom Rangplatz 10 bis 18 unterscheidet.

scheinlichkeit. Dies lässt sich empirisch für Länder und innerhalb jedes Landes statistisch prüfen (vgl. OECD 2005: 127). Für Österreich ergibt sich das in Tabelle 2 dargestellte Bild. Zur Messung der Monotonie wurde tau-b als ordinaler Korrelationskoeffizient verwendet. Dies stellt eine konservative Schätzung der Trennschärfe dar. Alle Korrelationswerte sind größer 0, das heißt es besteht ein monotoner Zusammenhang zwischen Kompetenzen und Lösungswahrscheinlichkeit. Die Durchschnittswerte der Korrelationen der drei Dimensionen sind sehr ähnlich und liegen bei 0,33 und 0,35. In Mathematik und in den Naturwissenschaften gibt es drei beziehungsweise zwei Items mit Werten kleiner 0,20, deren Messqualität ist als schlecht zu beurteilen. Cronbachs Alpha liegt mit Werten von 0,94 bis 0,98 für alle drei Skalen deutlich über dem Schwellenwert von 0,70. Die Skalen können daher für Österreich als konsistent und als monoton betrachtet werden.

Tabelle 2: Trennschärfekoeffizienten (tau$_b$) der Testaufgaben für PISA2003 Österreich

Größe der Korrelation	Mathematik absolut	in %	Lesen absolut	in %	Naturwissensch. absolut	in %
,00 - ,10	1	1,2	,0	,0	,0	,0
,11- ,20	2	2,4	,0	,0	2	6,1
,21 - ,30	22	26,2	6	22,2	8	24,2
,31 - ,40	34	40,5	16	59,3	15	45,5
,41 - ,50	25	29,8	5	18,5	8	24,2
,51 und größer	0	,0	0	,0	0	,0
Gesamt	84	100,0	27	100,0	33	100,0
Durchschnitt	0,34		0,35		0,33	
Cronbachs alpha	0,98		0,94		0,94	

Schwieriger als die formale Gültigkeit ist die beanspruchte inhaltliche Gültigkeit zu prüfen. Angenommen wird, dass die erfassten Kompetenzen umfassend gemessen werden (inhaltliche Gültigkeit im engeren Sinne), voneinander getrennt sind (faktorielle Validität) und für eine erfolgreiche Teilnahme am gesellschaftlichen Leben erforderlich sind (kriterienbezogene Gültigkeit): Zur Frage, ob die erfassten Kompetenzen für eine erfolgreiche Teilnahme in verschiedenen gesellschaftlichen Teilbereichen relevant sind, gibt es bis dato keine empirischen Untersuchungen (siehe Hopmann in Der FURCHE am 15.11.20007: 9). Für die Gültigkeit kann aber angeführt werden, dass die Aufgaben von ExpertInnen entwickelt und von den VertreterInnen der teilnehmenden Länder akzeptiert wurden. Dies kann man als Hinweis auf eine Expertenvalidität interpretieren. Dennoch wären weiterführende Validitätsstudien wichtig und interessant.

Richtig ist der Einwand (vgl. Hopmann/ Brinek 2007: 12 sowie Riedl in den OÖN am 6.12.2007: 3), dass PISA bestimmte Kompetenzen und Bereiche außer Acht lässt. Allerdings darf daraus nicht der Umkehrschluss gezogen werden, dass die erfassten Kompetenzen, insbesondere Mathematik und Lesen, unwichtig seien. Wenn man hier an die Beispielaufgaben denkt, etwa an das Treppenbeispiel oder die Interpretation der Kriminalitätsstatistik, so fällt die Behauptung schwer, dass diese für die Teilhabe an der Gesellschaft unwichtig seien. Von mündigen BürgerInnen würde man sich erwarten, dass sie Kriminalitätsstatistiken richtig lesen und Medienberichte kritisch reflektieren können.

Richtig ist auch, dass PISA wenig mit den Lehrplänen zu tun hat (vgl. Hopmann/ Brinek 2007: 12). Dies ist aber auch nicht beabsichtigt. Es sollen grundlegende Kompetenzen erfasst werden und nicht untersucht werden, ob nach Lehrplan unterrichtet wird. Allerdings kann für eine Ursachendiagnose ein Vergleich der Lehrpläne mit den PISA-Aufgaben interessant sein. So fokussiert der Mathematikunterricht in Österreich stark auf operative Tätigkeiten, während in PISA Interpretieren, Reflexion und Transfer eine wichtige Rolle spielen(vgl. Peschek u.a. 2009). Deutliche Differenzen zwischen Mathematikcurriculum und PISA hat Bodin (2007) auch für Frankreich festgestellt.

Auf einen problematischen Aspekt sei hingewiesen. Die erfassten Kompetenzen korrelieren mit Werten von 0,77 (Korrelation Mathematik mit Lesen) bis 0,83 (Naturwissenschaft und Lesen) relativ stark (vgl. OECD 2005: 189). Dies ist vermutlich dadurch mitbedingt, dass die Aufgaben textlastig sind. Möglicherweise erhöht auch die verwendete Hochrechnungsmethode die Korrelation der Kompetenzen. Die hohen Korrelationen werden von Rindenmann (2006) als ein Indiz bewertet, dass PISA eigentlich nur allgemeine kognitive Fähigkeiten (Intelligenz) misst. Diesem Argument lässt sich aber entgegenhalten, dass es dann in Europa große Intelligenzunterschiede gäbe und zum Beispiel finnische SchülerInnen deutlich intelligenter wären als österreichische.

Auch bezüglich der Messung der sozialen Selektivität mittels sozialem Gradienten sei auf ein Problem hingewiesen. Untersucht wird die Abhängigkeit der Testleistungen von sozialen Herkunftsmerkmalen. Zur Messung der sozialen Herkunft wird die Bildung der Eltern und die berufliche Position der Eltern verwendet. Die Bildung wird mittels der internationalen Standardklassifikation ISCED (Statistik Austria 2007) erfasst. Diese ist für Österreich weniger gut geeignet. Eine Meisterprüfung beispielsweise hat denselben hierarchischen Abschluss wie ein Hochschulstudium, nämlich ISCED5 (ebd.). Dies dämpft den Zusammenhang zwischen Bildung der Eltern und Testleistungen. Würde eine bessere Messung verwendet, ergäbe sich für Österreich eine noch höhere soziale Selektivität.

Fazit

Mit PISA werden für die Bildungsforschung und die Bildungspolitik empirische Daten mit hoher Relevanz zur Verfügung gestellt. Die Datenqualität kann als gut bezeichnet werden. Das heißt: Aussagen über Kompetenzen und soziale Selektivität eines Schulsystems sind möglich und zulässig. Restriktionen ergeben sich für Subgruppen durch kleine effektive Stichprobengrößen. Auch Ursachenanalysen sind möglich, wobei sich auch hier das Problem kleiner Stichproben auf Länderebene stellt. Hinzu kommt, dass die Leistungen eines Schulsystems nicht monokausal erklärt werden können, sondern dass immer mehrere Faktoren zusammenspielen. In Ländern, in denen die SchülerInnen unmittelbar vor der Testung die Schule wechseln, wie in Österreich, kann der Einfluss schulischer Kontextfaktoren, wie Klassengröße, Klassenzusammensetzung, Unterrichtsstil und so weiter auf die Testleistungen und die soziale Ungleichheit nicht untersucht werden (Ausnahme: SchülerInnen eines Gymnasiums, das sie seit der 5. Schulstufe besuchen). Erforderlich hierzu wären Kontextdaten von der zuvor besuchten Schule.

Wie jede empirische Untersuchung ist auch PISA nicht fehlerfrei. Die Frage ist, wie diese Fehler gewichtet werden und welche Konsequenzen daraus gezogen werden. Soll auf PISA verzichtet werden, weil die Türkei oder Mexiko eine hohe Out-of-School-Population hat (vgl. Wuttke 2006: 105), weil in manchen Ländern die Out-of-School-Population negative Werte hat, weil in Österreich bei manchen Items die Trennschärfen nicht sensationell hoch sind oder weil PISA nicht lehrplanbezogen ist? Ein Verzicht wäre aus meiner Sicht falsch. Die Alternative wäre, dass Bildungspolitik und Bildungsdiskurs noch stärker als bisher auf die Stimmen einzelner – oft selbst ernannter – ExpertInnen, deren Meinungen oft nur eigene Interessen widerspiegeln, angewiesen wäre.

PISA hat einen wichtigen Beitrag zur Etablierung und Weiterentwicklung der empirischen Bildungsforschung geleistet. In Österreich hat PISA auch zu einem Wiederaufgreifen des Themas der Chancengleichheit beigetragen.

Wünschenswert wären Verbesserungen von PISA. Auf internationaler Ebene leicht zu realisieren wäre etwa, dass statt des Durchschnittswertes der Median verwendet wird, da dieser weniger sensibel gegenüber Ausreißern ist. Für Österreich wäre eine größere Datenbasis wünschenswert, um auch für Subgruppen, insbesondere für MigrantInnen, statistisch besser abgesicherte Aussagen zu ermöglichen.

Literaturverzeichnis

Bacher, Johann; 2006: Stichprobendesign, Sozialstruktur und regionale Unterschiede. In: Erich Neuwirth, Ivo Ponocny, Wilfried Grossmann (Hg.): PISA 2000 und PISA 2003: Vertiefende Analysen und Beiträge zur Methodik. Graz. S. 39-51.

Bacher, Johann; 2007: Effekte von Gesamtschulsystemen auf Testleistungen und Chancengleichheit. WISO, Vol. 30, Nummer 2. S. 16-34.

Bacher, Johann/ Leitgöb, Heinz; 2009: Testleistungen und Chancengleichheit im internationalen Vergleich In: Claudia Schreiner/ Ursula Schwantner (Hg.): PISA2006. Österreichischer Expertenbericht zum Naturwissenschaftsschwerpunkt. Graz. S. 195-206.

Bacher, Johann/ Paseka, Angelika; 2006: Leistungsdifferenzen von Mädchen und Buben. In: Günter Haider/ Claudia Schreiner (Hg.): Die PISA-Studie - Österreichs Schulsystem im internationalen Wettbewerb. Wien. S. 218-226.

Bodin, Antoine; 2007: What Does PISA Really Assess? What Does It Not? A French View. In: Stefan R. Hopmann/ Gertrude Brinek/ Martin Retzl (Hg.): PISA zufolge PISA – PISA according to PISA. Münster u.a. S. 21-56.

Groves, Robert M./ Fowler, Floayd J./ Couper, Mick P./ Lepkowski, James M./ Singer, Eleanor/ Tourangeau, Roger; 2004: Survey Methodology. New Jersey.

Haider, Günter/ Reiter, Claudia (Hg.); 2004: PISA2003. Nationaler Bericht. Graz.

Hopmann, Stefan T./ Brinek, Gertride; 2007: Introduction: PISA According to PISA – Does PISA Keep What It Promises? In: Stefan R. Hopmann/ Gertrude Brinek/ Martin Retzl (Hg.): PISA zufolge PISA – PISA according to PISA. Münster u.a. S. 9-20.

Neuwirth, Erich; 2006: Stichprobe PISA2000 und PISA2003 für Österreich. In: Erich Neuwirth/ Ivo Ponocny/ Wilfried Grossmann (Hg.): PISA 2000 und PISA 2003: Vertiefende Analysen und Beiträge zur Methodik. Graz. S. 28-38.

OECD; 2001: Knowledge and Skills for Life. First Results from PISA 2000. Paris.

OECD; 2004: Learning for Tomorrow's World. First Results from PISA 2003. Paris.

OECD; 2005: PISA 2003. Technical Report. Paris.

OECD; 2007: PISA 2006: Science Competencies for Tomorrow's World. Volume 1: Analysis. Paris.

Peschek, Werner/ Pichler, Franz/ Schneider, Edith; 2009: PISA Mathematik 2006: Die österreichischen Ergebnisse aus fachdidaktischer Sicht. In. Claudia Schreiner/ Ursula Schwantner (Hg.): PISA2006. Österreichischer Expertenbericht zum Naturwissenschaftsschwerpunkt. Graz. S. 84-94.

Rindermann, Heiner; 2006: Was messen internationale Schulleistungsstudien? Schulleistungen, Schülerfähigkeiten, kognitive Fähigkeiten, Wissen oder allgemeine Intelligenz? Psychologische Rundschau, 57 (2). S. 69-86.

Schreiner, Claudia (Hg.); 2007: PISA 2006: Internationaler Vergleich von Schülerleistungen. Erste Ergebnisse. Graz.

Schreiner, Claudia/ Breit, Simone/ Schwantner, Ulrike/ Grafendorfer, Andrea; 2007: PISA2006. Die Studie im Überblick. Graz.

Schütz, Gabriela/ Wößmann, Ludger; 2005: Chancengleichheit im Schulsystem: Internationale deskriptive Evidenz und mögliche Bestimmungsfaktoren. Ifo Working paper 17. München.

Wuttke, Joachim, 2006; Fehler, Verzerrungen, Unsicherheiten in der PISA-Auswertung. In: Thomas Jahnke/ Wolfram Meyerhöfer (Hg.): Pisa & Co. Hildesheim/ Berlin. S. 101-155.

Internetquellen

Reiter, Claudia/ Lang, Birgit/ Haider, Günter (Hg.); 2006: PISA 2003: Internationaler Vergleich von Schülerleistungen. Technischer Bericht. Salzburg. In: http://www.bifie.at/sites/default/files/publikationen/2006-09-08_pisa-2003-tr.pdf. [02.02.2010].

Schreiner, Claudia/ Haider, Günter (Hg.); 2007: PISA 2006. Internationaler Vergleich von Schülerleistungen. Technischer Bericht. Salzburg. In: http://www.bifie.at/sites/default/files/publikationen/2007-12-04_pisa-2006-tr_0.pdf [02.02.2010].

Statistik Austria (Hg.); 2007: Bildungsklassifikation. International Standard Classification of Education – ISCED 1997. In: http://www.statistik.at/web_de/klassifikationen/klassifikationsdatenbank/weitere_klassifikationen/bildungsklassifikation/index.html [02.02.2010].

World Bank, 2005. Word Development Indicators Database. In: http://www.pdwb.de/archiv/weltbank/gnipc03.pdf [02.02.2010].

Zaccarin, Susanna/ Donati, Chiara; 2008: The effects of sampling weights in multilevel analysis of PISA data. Working Paper n. 119, Universita Degli Studi Di Trieste. In: http://www.csdi-workshop.org/pdf/3mc2008_proceedings/session_27/Zaccarin_Donati.pdf [02.02.2010].

Auf welche Wahrheiten vertrauen?

Andrea Tippe

Wahrheit, Vertrauen, Herrschaft.
Vertrauen als sozialer Prozess in Alltag und Organisation

Das Interesse an Vertrauen und vertrauensbildenden Maßnahmen ist wohl zeitbedingt. Es scheint aus den wiederkehrenden Verunsicherungen der Gesellschaft und den Auswirkungen auf unser alltägliches Leben zu resultieren. In meiner Profession als Gruppendynamiktrainerin bin ich in der Prozessbegleitung von Teams wiederkehrend mit der Frage konfrontiert, wie man denn „den anderen" (noch) vertrauen könnte. Der vorliegende Beitrag versucht Antworten auf diese Frage zu geben und erstreckt sich dabei auf eine praktische Verbindung: einerseits wissenschaftsorientierte Bezüge herzustellen und andererseits die Erfahrungen der Beratungspraxis zu zeigen. „Es gibt nichts Praktischeres als eine gute Theorie", meinte Kurt Lewin (1951 zit. nach Marrow 2002: 199) als Begründer der Gruppendynamik in seinen Vorträgen zur Feldtheorie. Er meinte damit einen im positiven Sinn eklektischen Zugang zu Theorie im Zusammenhang mit Reflexion und kritischer Handlungsanalyse im Feld, dem ich mich gerne anschließe.

Niemand wird daran zweifeln, dass wir im Alltag vor allem Vertrauen brauchen; Vertrauen in uns, in andere und in die Dinge, die uns umgeben. Die große Frage in diesem Zusammenhang ist: Brauchen wir Wahrheit, um Vertrauen herzustellen? Ist es in Wahrheit nicht so, dass, um Vertrauen zu gewinnen, Personen außer sich geraten, Lügen und Halbwahrheiten aussprechen, Fakten sammeln oder auch manche Wahrheit sagen, um subtil Macht auszuüben?

Im Beitrag wird vor diesem Hintergrund das Phänomen Vertrauen erstens anhand unterschiedlicher Formen des Vertrauens erläutert und zweitens auf Kontexte bezogen. Die kontextuelle Unterscheidung führt zu der näheren Betrachtung von Organisationen und dabei zu dem relevanten Problem, wie weit man unter Bedingungen der Abhängigkeit vertrauen kann und soll. Die Fragestellung gilt ohne Unterschied für Profit- und Socialprofitorganisationen, da die Steuerungsphilosophie sich in den letzten Jahren als vermarktlicht angeglichen hat.

Vertrauen haben – Vertrauen können

Jede Annäherung an das Thema „Vertrauen" führt vor dem Hintergrund des Alltagsverständnisses in ein Dilemma: Wir sind mit einem doppeldeutigen Begriff konfrontiert, sodass in einem ersten Schritt erst einmal zu fragen ist, unter welchen Bedingungen wir wem warum vertrauen und wovon wir in welcher Hinsicht meinen, es sei uns vertraut.

Die Etymologie des deutschen Wortes „Vertrauen" zeigt, dass der Wortstamm seit dem 16. Jahrhundert bekannt ist. Dem mittelhochdeutschen „vertruwen", dem althochdeutschen „fertruen", dem gotischen „trauan" und dem englischen „trow" entspricht der neuhochdeutsche Begriff. Die Worte wurden jeweils im Sinne von „fest werden" gebraucht, heute würde dazu auch das Wort Stabilität eine Ergänzung bieten. Wie auch immer, es ist unschwer zu erkennen, dass das Wort und seine Bedeutung eine positive Behaftung erzeugt (vgl. Duden 2001).

Konfuzius sah im Vertrauen und in der Treue die Basis für alle sozialen Beziehungen. Doch nicht nur dieser, auch die klassischen Philosophen der Antike wie zum Beispiel Sokrates und Platon, erkannten die wichtige Aufgabe von Vertrauen und dessen Zusammenhang mit der sozialen Verwundbarkeit (vgl. Liessmann 2004). In den Politikwissenschaften gehen erste Überlegungen über den Vertrauensbegriff auf Thomas Hobbes, John Locke und David Hume zurück. In der Soziologie waren es die Begründer der soziologischen Wissenschaften wie Émile Durkheim, Georg Simmel und später Niklas Luhmann, die sich mit dem Vertrauensbegriff beschäftigten.

„Für die Soziologie ist das Vertrauen von Anfang an eine soziale Ressource, die dazu beitragen kann, ein koordiniertes Handeln unter Bedingungen weitgehender Anonymität zu ermöglichen, sodass das Interesse der Disziplin dementsprechend nicht so sehr auf jene Formen des intimen oder dichten Vertrauens gerichtet ist, die sich in der Philosophie als zentraler Untersuchungsgegenstand herauskristallisiert haben. Es sind vielmehr die wachsenden Interdependenzen zwischen einander unbekannten Akteuren und Institutionen, durch die die Frage nach den Bedingungen aufkommen musste, unter denen diese Akteure überhaupt noch koordiniert miteinander interagieren können" (Hartmann/ Hoffe 2001: 14).

In der Psychologie beschäftigten sich Sigmund Freud und Erik Erikson intensiv mit dem Phänomen (vgl. Endress 2002). In den Wirtschaftswissenschaften findet man kein einheitliches Verständnis über den Vertrauensbegriff. Vorwiegend deshalb, weil die ökonomische Theorie es lange Zeit nicht geschafft hat, Vertrauen überhaupt in die Theorie miteinzubeziehen. Der Grund dafür ist das Menschenbild des homo oeconomicus, das rational eigennützig handelnde Individuum, für das „Vertrauen" keine Kategorie ist beziehungsweise das im Vertrauen nicht auf andere Individuen, sondern auf das Funktionieren des anonymen Marktes handelt.

Alltäglich sprechen wir über Vertrauen ganz einfach so, dass uns bestimmte Handlungsweisen vertraut sind; das bezieht sich auch auf Organisationen, Institutionen, auf Verfahren und Regeln, geschriebene und ungeschriebene Normen, bestimmte Milieus, Orte und Situationen. Folgt man den alltäglichen Ansätzen, dann vertrauen wir selbst den anderen, wir haben oder schenken Vertrauen, das heißt wir glauben jemand und wir vertrauen uns jemand an oder wir verlassen uns auf jemand. Wir sprechen davon Vertrauen zu genießen, also unsererseits vertrauenswürdig zu sein. Der Sprachgebrauch macht deutlich, wir vertrauen jemand, wenn er/sie glaubwürdig, verlässlich, zuverlässig und integer, im Sinn von wahrhaftig und aufrichtig, scheint.

Das Vertrauen geht von der Verlässlichkeit des/der anderen, und in andere, aus. Ebenso sagen wir von einer uns nahestehenden Person, dass wir ihr vertrauen und meinen gleichzeitig damit eine naive und einfache Herangehensweise der Beziehungsgestaltung, die der Überprüfung der Wahrheit gewisser Handlungen nicht bedarf.

Trägt man die Alltagssemantik von Vertrauen und Vertraulichkeit zusammen, dann stößt man unmittelbar auf eine notwendige Differenzierung der Kontexte (vgl. Endress 2001).

Für den Fokus „Vertrauensbildung" scheint es günstig, eine Vertrauensdefinition zu verwenden, die den sozialen Zielcharakter beziehungsweise den Kontext der Vertrauensbildung berücksichtigt. Vertrauen ist in der Definition nach Niklas Luhmann (1968) der individuelle Glaube an die positive Entwicklung von Ereignissen, gebunden an die eigenen Wertvorstellungen und Erfahrungen. Nach Luhmann ist Vertrauen im Weiteren ein Mechanismus zur Reduktion sozialer Komplexität. Dort wo die rationale Abwägung von Information nicht möglich ist, befähigt Vertrauen dennoch zu einer auf Intuition gestützten Entscheidung (vgl. Endress 2002: 57).

„Zunächst müssen wir eine Verwechslung der Begriffe Vertrautheit und Vertrauen vermeiden. Vertrautheit ist eine unvermeidbare Tatsache des Lebens; Vertrauen ist eine Lösung für spezifische Risikoprobleme. Jedoch muss Vertrauen in einer vertrauten Welt erlangt werden, und in den vertrauten Zügen der Welt können sich Veränderungen ergeben, die sich auf die Möglichkeit auswirken, Vertrauen in zwischenmenschlichen Beziehungen zu entwickeln. Daher dürfen wir, wenn wir daran gehen, die Voraussetzungen des Vertrauens zu erkunden, die Grenzen der Vertrautheit nicht vernachlässigen" (Luhmann 2001: 144).

Aus meiner Sicht können zwei Ebenen des Vertrauens als sozialer Prozess unterschieden und verstanden werden:
- Vertrauen als implizite Haltung und Handlung einer präreflexiven Form der interpersonellen Zuwendung, sowie
- Vertrauen als reflexiver Prozess, in dem Grundlagen des Vertrauens überprüft werden.

Vertrauen und seine Grenzen als implizite Handlung

Wir erweisen unser Vertrauen und wir reagieren auf Vertrauen, also alltäglich auf ein soziales Phänomen, mit dem wir so vertraut sind, dass seine Gegenwart und Varianten kaum bemerkbar werden. Dies sowohl gegenüber vertrauten Personen, als auch gegenüber Fremden und Feinden (wir vertrauen darauf, dass sie etwas gegen uns unternehmen).

„Häufig vertrauen wir auch darauf, dass uns völlig Fremde, wenn wir sie etwa in einer ausländischen Stadt nach dem Weg fragen, in die richtige und nicht in die falsche Richtung weisen oder dass sie uns zumindestens mitteilen, wenn sie nicht das wissen, was wir von ihnen erfragen; und jenen, die von uns auf die gleiche Weise Hilfe erbitten, sollten wir, so glauben wir, ebenso helfen. Natürlich werden wir häufig enttäuscht und zurückgestoßen oder fühlen uns schlecht behandelt und verraten, wenn wir anderen auf diese Weise Vertrauen entgegenbringen, so wie wir oft ausgenutzt wurden, wenn wir die gewünschte Vertrauenswürdigkeit zeigten. Ohne Zweifel erweisen wir unser Vertrauen auf unterschiedliche Weise, mal auf kluge, mal auf dumme Weise, mal tugendhaft, mal bösartig, und wir kennen verschiedene Formen der Vertrauenswürdigkeit sowohl Nahestehenden als auch Fremden gegenüber. Wir verlassen uns darauf, dass jene, die uns zwischen den Regalen einer Bibliothek begegnen, nach Büchern suchen, nicht nach Opfern. Wir lassen uns gelegentlich in Zügen und Flugzeugen in den Schlaf fallen, darauf vertrauend, dass unsere Sitznachbarn aus unserer Verwundbarkeit keine Vorteile ziehen. Wir legen die Sicherheit unserer Körper in die Hände von Flugkapitänen, Fahrern oder Ärzten, ohne uns deswegen sonderlich verwegen vorzukommen" (Baier 2001: 41f.).

Folgen wir diesen Überlegungen des alltäglichen Handelns, dann ist Vertrauen eine implizite Handlung und Haltung, die das Überleben und Leben in arbeitsteiligen Gesellschaften sicherstellen kann. Das Vertrauen in uns selbst und andere hat zur Voraussetzung, dass man sich implizit auf das Wohlwollen einer anderen Person verlässt, auch wenn es möglicherweise ein minimales Wohlwollen ist. Die Bewusstheit, dass der/die Vertrauende verraten werden kann, man sie/ihn hängen lassen und enttäuschen kann, gehört zum Grundvertrauen des Alltags dazu. Hängt man vom Wohlwollen anderer ab, so ist man verletzbar mit Blick auf die Grenzen des Wohlwollens. Vertrauen impliziert in persönlichen Interaktionen die Gelegenheit der Verletzung. In dieser Annäherung an ein alltägliches Phänomen steht das Vertrauen also für die akzeptierte Verletzbarkeit durch nicht erwartete Absichten, deren Ziel man ist.

Sofort stellt sich die Frage, wie man nur jemand an sich so nah herankommen lassen kann, dass man verletzt werden könnte.

„Die einfache Sokratische Wahrheit, dass sich niemand gänzlich alleine versorgen kann, verwandelt sich, wenn wir sie verbinden mit der anderen Sokratischen Wahrheit, nach der die Tätigkeit der Seele in der Sorge um Dinge besteht, in die umfassende Wahrheit, dass sich niemand ganz allein um all die Dinge kümmern kann, um die er sich kümmern möchte, nicht einmal um die ‚privaten' Güter wie die Gesundheit und die körperliche Sicherheit. Wenn wir uns darum bemühen, verschiedene Formen des Vertrauens anhand der jeweils wertgeschätzten Dinge zu unterscheiden, die wir in zuversichtlicher Haltung einer sei es minimalen Kontrolle anderer überlassen, dann folgen wir Lockes Analyse, die Vertrauen am Modell des Anvertrauens entlangführt" (Baier 2001: 45).

Es geht darum, einen Ermessensspielraum festzusetzen, in dem man damit rechnen kann, dass Vertrauen auch nicht erfüllt wird, sei es durch Inkompetenz, aus Nachlässigkeit oder auch Bösartigkeit. Solche Annahmen bestehen auch bei Machtunterschieden der handelnden Personen. Denn das kindliche Vertrauen, das normalerweise nicht gewonnen werden muss, sondern da ist, solange es nicht zerstört wird, ist für das Verständnis der Möglichkeit von Vertrauensbeziehungen unumgänglich. Kinder integrieren das Phänomen des Vertrauens durch einen Dialog der unterschiedlichen Kommunikationskanäle im umfassenden Sinn. Sie integrieren die Komplexität eigener Affekte und Affektreaktionen der Erwachsenen durch Unterschiedsbildung. Oder anders ausgedrückt: eine feine dialogische Abstimmung in einem begrenzten kommunikativen Spielraum, die nicht perfekt sein muss, sondern auch Missverständnisse erkennt und korrigiert. Dies ist Voraussetzung für eine sichere Bindung und Vertrauensbildung.

Beziehen wir diese Überlegungen auf unsere Frage nach der Wahrheit, so stellt sich für den Alltag die einfache Frage: Kann man jemand vertrauen, der/die nicht die „ganze" Wahrheit gesagt hat? Als Voraussetzung für Vertrauensbildung im Alltag zeigt Liessmann Grenzen der Wahrheit und Lust an der Lüge auf:

„Auch wenn wir davon ausgehen wollen, dass niemand imstand ist, schlicht ‚die Wahrheit' zu sagen, macht es doch einen Unterschied, ob ich davon ausgehen kann, dass jemand von der Richtigkeit dessen, was er sagt, selbst überzeugt ist, oder diese Überzeugtheit nur vortäuscht. Wenn wir von der Aufrichtigkeit, Authentizität oder auch Ehrlichkeit sprechen, meinen wir in der Regel diese Übereinstimmung von Gesagtem und Gemeinten, nicht die Richtigkeit des Gesagten. Wenn etwa nach ‚Glaubwürdigkeit' in der Politik gefragt wird, geht es ja nicht primär darum, ob das was ein Politiker behauptet, auch von mir geglaubt werden könnte, sondern ob er überhaupt erst einmal selber daran glaubt. Das führt natürlich zu dem Paradoxon, dass Politiker, die den Eindruck vermitteln, dass sie die vielleicht unsinnigen Sätze, die sie von sich geben, auch tatsächlich glauben, einen höheren Popularitätswert haben, als jene, die sachlich Richtiges so vorbringen, als wäre es schlicht gelogen [...].

Mit Wahrheiten und Lügen, mit Aufrichtigkeit und Unaufrichtigkeit rechnen zu müssen, setzt erst jene Energien frei, denen wir nicht nur einen Gutteil unserer Künste und Wissenschaften verdanken, sondern auch den Großteil der Paradoxien unserer Kommunikation. Die Lust an der Unwahrheit wird immer dort am intensivsten erfahren, wo die Wahrheit wie ein Damoklesschwert über uns hängt" (Liessmann 2004).

Vertrauen im Alltag und Verrat verhalten sich zueinander wie Wahrheit und Lüge. Es zeigt sich, dass die implizite Wahrnehmung der Grenze (des Vertrauens, der Wahrheit) eine Voraussetzung für gemeinsames Handeln darstellt. Und noch deutlicher: Um Vertrauen herzustellen verwenden wir Wahrheiten und verwenden wir Lügen, die als wahr anerkannt werden können in der gemeinsamen Wirklichkeitsbildung.

Vertrauen als reflexiver Prozess

Wenn Vertrauen als impliziter Akt definiert werden kann, ist die konsequente Weiterführung naheliegend, was reflektiertes Vertrauen sein kann und was es bewirkt. Vertrauen braucht im öffentlichen Raum Misstrauen als sozialen Akt und Einführung von Reflexivität. Beispielsweise ist institutionalisiertes Misstrauen in einer Demokratie eine vertrauensbildende Maßnahme (beispielsweise Betriebsräte mit ihrem Auftrag der betrieblichen Mitbestimmung, oder die Opposition im Parlament und so weiter). Unter der Aufnahme der Motive von Luhmann kommt man aufgrund der Leitfrage „Wem vertraue ich im Hinblick worauf und wie lange?" zur Unterscheidung von sozialen, sachlichen und zeitlichen Problemaspekten des Vertrauensphänomens.

Vertrauen, so kann man annehmen, fungiert sozial als Mechanismus zur Ermöglichung von Sozialität. Sachlich bietet Vertrauen einen Mechanismus des Absehens der unendlichen Mehrdeutigkeiten, das heißt zur Einigung auf Interpretation der Wahrheit. Zeitlich fungiert Vertrauen als Strukturelement für handlungsleitende Grundannahmen über die soziale Welt, die nicht reflektiert werden müssen, im Spannungsfeld von Vergangenheit und Zukunft (vgl. Endress 2002: 80).

Der Soziologe Martin Endress greift die Definition Luhmanns zum Vertrauensbegriff auf und führt dabei neue Aspekte des sozialen Handelns zum Thema ein. „Jemandem vertrauen", so Endress, kann nicht auf eine risikotechnische Deutung alleine reduziert werden. Die gängige Definition, dass Vertrauen ein implizit unreflektierter Akt sei und dort als soziales Phänomen greift wo Risiko besteht, ist aus seiner Sicht ungenügend. Er expliziert folgende weitere Kriterien zur Vertrauensbildung:

a. Vertrauen ist ein Modus der Vermittlung von Vergangenheit und Zukunft zur Orientierung in einer Gegenwart

Luhmann bezieht den Vertrauensbegriff vor allem auf die Zukunft, Endress erweitert ihn um die Perspektive der Gewordenheit der Vertrauensbeziehung.

„Vertrauen zu können wie Vertrauen zu haben, basiert auf vergangenen Erfahrungen, auf spezifischen Wissensbeständen, die (zumindest) einen Menschen als vertrauenswürdig erwiesen, eine Technik als funktionierend bzw. erprobt oder bewährt präsentiert oder einen Experten als Kompetenz ausgewiesen haben. [...] Vertrauen-haben wie Vertrauen-können stehen somit in Kontexten: Vertrauen entsteht stets im Horizont einer Interaktionsgeschichte und zurückliegender Erfahrungszusammenhänge. Das bestätigt erneut, dass Vertrauen auf einem Horizont der Vertrautheit basiert" (Endress 2001: 175f.).

b. Vertrauen basiert auf der Erfahrung der Negation

Vertrauen kennzeichnet einen Relationsbegriff. Endress beschreibt, dass jede Form der Positionierung des Menschen mit einem unauflöslichen Spannungsverhältnis von Vertrautheit und Fremdheit einhergeht und weiters aus der Erfahrung resultiert, dass „nicht alles möglich ist". Er bettet das Vertrauensphänomen in einen interaktiven Erfahrungshorizont ein (vgl. ebd.: 184f.).

c. Vertrauen entsteht zwischen Personen durch soziale Vermittlung

In Bezugnahme auf Helmuth Plessner, der sich im Rahmen seiner philosophischen Anthropologie dem Weltverhältnis widmete, zeigt Endress drei Positionierungen auf, die das Vertrauensverhalten entwickeln:

„[...] sowohl selbst Körper als auch im Körper sowie außerhalb des Körpers zu sein, dann lässt sich für den daraus resultierenden dreifachen Bezug zur Außenwelt, zu Innenwelt und zur Mitwelt festhalten, dass mit dem für die Außenwelt charakteristischen Gegenstandsbezug ein Sachverhältnis, mit dem für die Innenwelt charakteristischen Erlebensbezug ein Selbstverhältnis und mit dem für die Mitwelt charakteristischen Bezug auf andere ein Sozialverhältnis angezeigt ist" (ebd.: 186).

Diese Aufgliederung eröffnet die Möglichkeit, phänomenal erkennbare Vertrauenskonstellationen zu unterscheiden, nämlich in ein Weltvertrauen, ein Selbstvertrauen und ein Sozialvertrauen. Daraus entsteht Vertrauen in der Kernstruktur als ausgemachte Sozialität.

d. Vertrauen ist in Klein- und Großgruppenprozesse eingebettet

In der Literatur werden fünf Handlungsdimensionen angeführt, die zu einem Vertrauensklima zwischen handelnden Personen führen. Endress gliedert diese Dimensionen wie folgt:

- Handlungsroutinen: wiederholte Handlungsformen und dauerhafte Beziehungen (Gesetz des Wiedersehens)
- Handlungsverdichtung: soziale Routine, Dichte und Beziehung; Wissen über Akteure
- Handlungsprofessionalisierung: Rollen werden ausgebildet (Laien, ExpertInnen)
- Handlungsrahmung: Festlegung von Garantien und Sicherheiten
- Handlungsstrategien: Politik der kleinen Schritte zur Erreichung eines Zieles

Die Dimensionen verdeutlichen, dass der Aufbau von Vertrauen in ein Beziehungsgeflecht von Klein- und Großgruppen eingebettet ist, und dabei eine spezifisch soziokulturelle Akzentuierung erfolgt (ebd.: 192f.).

e. Vertrauen stellt den Weltbezug in der Spannung „vertraut-fremd" her

Nach Endress ist Vertrauen nicht auf eine Risikoorientierung zu fixieren.

„Vertrauen, so lässt sich formulieren, die aufgrund des für Menschen konstitutiven Weltverhältnisses adäquate Antwort auf das Problem des Umgangs mit der für dieses Weltverhältnis unaufhebbaren Spannung von Vertrautheit und Fremdheit" (ebd.: 203).

Darin ist der enge Zusammenhang von Vertrauen und Vertrautheit wieder hergestellt.

Die Aspekte von Endress lassen eine Differenzierung des Vertrauensbegriffs nach Kontexten zu und betonen den reflexiven, mündigen Aushandlungsprozess. Zu unterscheiden ist ein Verlust des Vertrauens gegenüber überkommenen Institutionen von einem Bedarf an Vertrauen gegenüber sozialen Interaktionen und Dialogerfahrungen. Vertrauensverluste müssen nicht zwangsläufig in Misstrauen münden, sondern können Gleichgültigkeit und Indifferenz nach sich ziehen. Misstrauen per se ist eine Haltung des Engagements, ebenso wie Vertrauen. Insofern ist Misstrauen ein sozial zu begrüßender Akt, egal ob er auf persönlicher oder institutioneller Ebene Ausdruck findet. Dazu braucht es tragfähige soziale Prozesse. Denn, um mit Richard Sennett zu sprechen: „Emotional tiefergehende Erfahrungen von Vertrauen [...] brauchen Zeit, um sich zu entwickeln und in den Nischen und Spalten von Institutionen Wurzeln zu schlagen" (Sennett, zit. nach Hartmann 2001: 34).

Vertrauen entsteht als reflexiver und mündiger Akt überall dort, wo Ungewissheit entsteht, Verletzlichkeit wahrgenommen und Widerspruch und Misstrauen geäußert werden kann. Vertrauen kann durch Kontrolle nicht ersetzt werden. Der Freiheitsverlust, der damit einherginge, ist tiefer, als man auf den ersten Blick zu denken wagt.

Ist das möglich? Über Vertrauensklima in Organisationen

Unter Bezugnahme meiner Erfahrungen aus der Beratungspraxis möchte ich nunmehr Perspektiven des Handelns zum Aufbau von organisationalem Vertrauensklima darstellen. Die umfassende Annahme von Organisationen und deren Arbeitsgruppen, dass „man ständig besser werden muss", zieht den Zwang in Organisationen nach sich, die betriebliche Leistung konsequent zu steigern. Vor dem Hintergrund der Tendenz zur Vermarktlichung aller Ebenen des Sozialen werden Organisationsentwicklungsprozesse gestartet, Projekte eingeführt und wiederholt; letztlich wird der Wandel auf Dauer gestellt und ist für die Beschäftigten oft der einzige stabile Faktor, während ManagerInnen im Zuge von Fusionierungen und Dezentralisierungen wechseln. Noch vor Jahren beschäftigte sich die Managementliteratur hauptsächlich mit der Frage, wie die Veränderungsenergie in die Unternehmen getragen werden könnte, jetzt ist das Hauptaugenmerk bereits darauf gerichtet, wie man diese Energie heil übersteht.

Wenn ein Organisationsentwicklungsvorhaben in einem Unternehmen gestartet wird, stellt sich von Beginn an die Frage, wie der Organisationswandel erfolgreich gelingen kann, ohne dass „das ganze Porzellan auf einmal in Brüche geht". Die Kausalitätsannahme, dass Projekte der Veränderung die Entwicklungs- und Überlebensfähigkeit von Einheiten erhöhen, ist längst widerlegt: Loyalitätseinbußen und eine Misstrauenskultur auf Seiten der MitarbeiterInnen gegenüber Führungskräften, erhöhter Widerstand gegenüber weiteren Organisationsentwicklungsmaßnahmen, den dazugehörigen BeraterInnen und Instrumenten, beeinträchtigen längerfristig erheblich die ökonomische Leistungsbilanz der Unternehmen bei radikalen Umstrukturierungen (vgl. Becke 2005: 6).

Zentrale Impulsgeber zur Erschütterung des Vertrauens sind interne Organisationskrisen und/oder zu erwartende gravierende Veränderungen in den politischen und ökonomischen Zusammenhängen. Führungsprobleme, wie zum Beispiel ein Führungsstil, der MitarbeiterInnen mit wichtigem ExpertInnenwissen dazu veranlasst, innerlich oder äußerlich zu kündigen, können die Ursache interner Krisen sein. Auch Fehlentscheidungen des Managements können Krisen auslösen, ein weiterer Indikator dafür, dass interne und externe Faktoren interdependent sind. Die explizite Zuwendung an kurzfristigen ökonomischen und effizienzorientierten Daten und Fakten kann Unternehmen mittelfristig in krisenhafte Dynamiken führen. Weiters können Unternehmensziele, die von sozialen Anspruchs- und Konsumentengruppen eine Delegitimation erfahren, sich in sozialen Vertrauens- und Wertekrisen der Unternehmen ausdrücken.

Die Organisation als solche ist dabei ein/e AkteurIn, egal ob die Krise extern oder intern resultiert. OrganisationstheoretikerInnen beschäftigen sich in der Regel mit der Frage, „welche Trends der Gesellschaft auf die Organisation wirken und wie die Strukturen anzupassen seien" (Türk/ Lemke/ Bruch 2006). So postuliert der Soziologe Klaus Türk, dass die Gesellschaft sich derzeit auf die „Organisation" verlässt. Seine Überlegungen münden in folgende Thesen:

(1) Ein wesentliches Moment der modernen Gesellschaft bildet das Phänomen der Organisation; und
(2) Organisation ist das zentrale Medium von Herrschaft in der modernen Gesellschaft (vgl. ebd.: 41).

Diese Sichtweise betont die Verantwortung der Organisationen als aktives System der Gesellschaft, der Bildung ihrer Strukturen und Werte.

Vom Gelingen des Organisationswandels sollte meiner Meinung nach die Rede sein, wenn dieser zu einer umfassenden nachhaltigen Unternehmensentwicklung beiträgt, das heißt neben der Wettbewerbs- auch die Überlebens- und Entwicklungsfähigkeit von Unternehmen und ihren Beschäftigten längerfristig verbessert. Das Erfolgskriterium für eben diese Fähigkeit von Unternehmen bildet nach dem Arbeitswissenschaftler Guido Becke ein kommunikativ organisiertes Kriterium: „organisatorische Effektivität" (Becke 2005: 2). Es kennzeichnet die Fähigkeit „aus der Perspektive der Stakeholder" – derjenigen, die Ressourcen zur Verfügung stellen, auf die das Unternehmen angewiesen ist – akzeptable Aktivitäten und Ergebnisse zu generieren. Die Betonung liegt dabei auf Akzeptanz, ein Begriff, den wir noch näher erläutern werden.

Der Begriff der Stakeholder umfasst Individuen oder Gruppierungen, welche die Ziele der Organisation beeinflussen können und welche von deren Zielerreichung und Aktivität betroffen sind. Vor dem Hintergrund eines derartigen Verständnisses sozialer Anspruchsgruppen sehen sich die Führungskräfte einer Organisation mit diversen Gruppierungen konfrontiert. Diese umfassen nicht nur die KundInnen, LieferantInnen oder möglicherweise AktionärInnen, sondern auch politische Institutionen auf unterschiedlichen politischen Handlungsebenen, Presse und Medien, Vereine und soziale Organisationen und vor allem die MitarbeiterInnen.

Wenn sich das Kriterium der organisatorischen Effektivität auch auf die Anspruchsgruppe der MitarbeiterInnen bezieht, so wird deutlich, dass die Berücksichtigung ihrer Interessen und Ansprüche als wichtiger Beitrag zur Entwicklungsfähigkeit von Organisationen betrachtet werden muss. Kurt Lewins Annahme „Betroffene zu Beteiligten zu machen" (Lewin, zit. nach Marrow 2002: 200), ein Grundsatz von gruppendynamischer Organisationsentwicklung, gewinnt mit dieser Sichtweise sowohl Konkretisierung als auch Erweiterung. Damit setzt Entwicklungsfähigkeit die soziale Legitimität der Organisation bei diversen Anspruchsgruppen voraus.

Die Prozesse der Organisationstransformation per se bedeuten für die Beteiligten eine Identitätsverunsicherung. Erster Faktor: Sie stellen als selbstverständlich betrachtete organisationskulturelle Basisannahmen auf der Ebene der Ziele, Werte und anderes mehr in Frage. Zweitens: Bei radikalem Organisationswandel, mit dem auch Umstrukturierungsmaßnahmen einhergehen, stellt dieser die soziale Zugehörigkeit in Frage, und damit einhergehend werden bisher routinierte Arbeits- und Kooperationszusammenhänge neu konstituiert. Drittens konfrontieren Projekte des Wandels die Beschäftigten und Führungskräfte mit neuen Verhaltensanforderungen an die Rollengestaltung.

All dies beinhaltet einen kulturellen Bruch, in dem bislang geltende Basisannahmen, Praktiken, Gewissheiten und Regeln außer Kraft gesetzt oder möglicherweise entwertet werden. Existente Organisationskulturen werden im Feld der klassischen Organisationsentwicklung oft als Barrieren angesehen, die die Neuausrichtung blockieren (vgl. Schein 2003: 158).

„Empirische Befunde der Organisationskulturforschung verdeutlichen die Grenzen eines grundlegenden Kulturbruches: So wird die Bereitschaft von Organisationsmitgliedern zur Unterstützung der Organisationstransformation gefördert, wenn zumindest einige zentrale kulturelle Muster und Praktiken beibehalten werden und die Erfolge der Vergangenheit nicht entwertet werden" (Becke 2005: 29).

Der Organisationstheoretiker Karl Weick schlägt deshalb vor, organisatorische Lernprozesse auch zur Bewahrung zu nutzen, indem Organisationsmitgliedern die Möglichkeit eröffnet wird, sich ihrer kollektiven Überzeugungen, Werte und Gefühle zu versichern und zu bestärken.

Der Organisationswandel ermöglicht demnach eine nachhaltige Entwicklung, wenn dabei vertrauensstabilisierende organisatorische Kerndimensionen erhalten oder reproduziert werden (vgl. dazu Becke 2005: 18; Tippe 2008: 52). Einige dieser Kerndimensionen beinhalten die Strukturierung von Umweltbeziehungen, andere treffen die Reproduktion sozialer Beziehungen und Bindungen (wie beispielsweise die organisationskulturellen Basisannahmen und kollektiven Überzeugungen und Werte; vgl. Becke 2005: 33). Unternehmensleitungen und BeraterInnen unterliegen nach Becke dabei einer „Mentalitätsillusion", da sie davon ausgehen, dass sich das Verhalten der Beschäftigten relativ schnell und flexibel an geänderte Situationen anpassen könne.

„Um dieser Gefahr zu entgehen, kommt es darauf an, organisatorische Veränderungsprozesse flexibel anzulegen, so dass auf Phasen der Transformation Phasen folgen können, in deren Fokus Maßnahmen der Personal- und Organisationsentwicklung stehen, die darauf abzielen, zum einen die Handlungskompetenzen der Beschäftigten unter den veränderten organisatorischen Bedingungen zu fördern sowie zum anderen Loyalitäts- und Vertrauensbeziehungen zwischen Unternehmensleitung bzw. den Promotoren der Transformation und diverser Belegschaftsgruppen zu rekonstruieren bzw. neu zu entwickeln" (Becke 2005: 34).

Die Voraussetzung dazu ist, dass einer kollektiven Identität die Chance gegeben wird, sich zu entwickeln. Dazu bedarf es aus der Praxis gesehen an Zeit und Raum, damit Personen diese Entwicklung auch emotional vollziehen können. Veränderungssituationen sind mit Entscheidungen, Emotionen des Abschieds und der Verabschiedung anderer Möglichkeiten begleitet. Wird den Emotionen zuwenig Beachtung geschenkt, entsteht in der Organisation eine Versachlichung, die ihren Preis hat. Sowohl Gruppen als auch Organisationen durchlaufen Entwicklungsphasen. Schritte in Richtung der Entwicklung einer Gruppe passieren dann, wenn es gelingt, in konflikthaftem Geschehen zu gemeinsamen Entscheidungen zu gelangen. Das bedeutet, dass Konflikte ebenso Voraussetzung für Entwicklung sind. Für die Arbeitsfähigkeit, also die Fähigkeit ziel- und prozessorientiert zu arbeiten, ist die psychodynamische Bearbeitung der Konflikte, die zwischen Abhängigkeit und Eigenständigkeit angesiedelt sind, besonders bedeutsam. Jede „fremde" Entscheidung verlangt das Nachvollziehen und eigenständige Handeln der Personen, der Gruppe oder Organisation. Der Widerspruch von Abhängigkeit und Eigenständigkeit ist bewusst herzustellen und erlebbar zu machen. Daraus folgt, dass die Qualität der Veränderung stark beeinflusst wird vom Prozess. Da die Veränderung als prozesshaftes Geschehen und Durchführung zwischen Wahlmöglichkeiten und Entscheidungen gesehen werden kann, ist es notwendig, Entscheidungen den Bedingungen anzupassen. Entscheidungen erhalten Sinn aus dem Kontext, in dem sie getroffen werden. Richten sich Entscheidungen zur Veränderung ausschließlich an den äußeren Bedingungen aus, kommt es erfahrungsgemäß zu einseitigen Ausrichtungen und massiven Verlusten von möglichen Ressourcen und Vertrauen.

Es spricht manches dafür, im Bereich des organisationalen und öffentlichen Handelns einen anspruchsvollen, reflexiven Begriff des Vertrauens zugrunde zulegen; einen Begriff, der die Bereitschaft von RepräsentantInnen der Macht umfasst, Versprechen und Verträge einzuhalten, die Interessen von MitarbeiterInnen berücksichtigt, Sanktionsmechanismen gerecht zu implementieren und Fehler erinnernd einzugestehen. Da auch Arbeitsgruppen und Organisationen nicht durch durchgängig dichte Interaktionskontexte gekennzeichnet sind, die diesen Aushandlungsprozess ermöglichen, ist die Suche nach symbolischen Bündelungsinstanzen und Gruppen wesentlich, um Vertrauen in Gestaltbarkeit zu generieren. Vertrauen entsteht als sozialer Aushandlungsprozess nicht von selbst durch Ungewissheit, sondern dort, wo Personen bereit sind, Befehlsketten reflexiv zu durchbrechen (vgl. Sennett 1990: 203ff.).

„Die Gestalten, die über öffentliche Autorität verfügen, sollen lesbar und sie sollen sichtbar sein. ‚Sichtbar' bedeutet, daß die, die eine Herrschaftsposition bekleiden, sich klar äußern sollen – darüber, was sie können und was sie nicht können, und darüber was sie vorhaben. [...] Niemandem, der über Macht verfügt, kann man zutrauen, daß er sich selbst ein gerechter Richter sei. Es sind die Untertanen, die bestimmen müssen, was Macht bedeutet; die Knechte müssen die Handlungen der Herrn lesen, so als würden sie versuchen, die Bedeutung eines schwierigen Textes zu erfassen. [...] Lesen ist eine reflexive Tätigkeit: Reinigung, Maskierung, das Sich-in-andere-Versetzen, das Abstreifen der Angst sind Akte, die die Untergeordneten an sich selbst vollziehen, um die Autoritäten in ihrem Leben besser erkennen und beurteilen zu können" (Sennett 1990: 204).

Das Lesen der anderen setzt Vertrauen der Untergebenen in sich und soziale Handlungsmöglichkeit voraus.

Dies führt zurück zur Ausgangsfrage, ob wir Wahrheit brauchen, um Vertrauen herzustellen, und dies besonders unter den Abhängigkeitsverhältnissen in Organisationen.

In der Organisation benötigen deren Mitglieder insbesondere einen verbindlichen Rahmen, der das aktive Gestalten der Wahrheit ermöglicht. Als gestaltende konstruktive Handlungen zähle ich dazu insbesondere das Hinterfragen der Befugnisse und weiters die Gestaltungsmöglichkeit der kritisch-selbstreflexiven Kommunikation, damit Verantwortlichkeit deutlich wird. Wir brauchen reflexives Vertrauen um Wahrheit herzustellen: Damit man sich Autoritäten nähern kann und um die Aussagen „der anderen" auf Wahrheit und Lüge zu prüfen.

Literaturverzeichnis

Baier, Annette; 2001: Vertrauen und seine Grenzen. In: Martin Hartmann/ Claus Hoffe, (Hg.): Vertrauen. Die Grundlage des sozialen Zusammenhalts. Frankfurt/M. S.37-84.
Duden; 2001: Herkunftswörterbuch, Band 7 von Duden in zwölf Bänden. Mannheim.
Endress, Martin; 2001: Vertrauen und Vertrautheit – Phänomenologisch-anthropologische Grundlegung. In: Martin Hartmann/ Claus Hoffe (Hg.): Vertrauen. Die Grundlage des sozialen Zusammenhalts. Frankfurt/M. S.161-203.
Endress, Martin; 2002: Vertrauen. Bielefeld.
Hartmann, Martin/ Hoffe, Claus (Hg.); 2001: Vertrauen. Die Grundlage des sozialen Zusammenhalts. Frankfurt/M.
Liessmann, Konrad Paul; 2004: Der Wille zum Schein. Über Wahrheit und Lüge. 8. Philosophicum Lech. Lech/Arlberg.
Luhmann, Niklas; 2001: Vertrautheit, Zuversicht, Vertrauen. Probleme und Alternativen. In: Martin Hartmann/ Claus Hoffe (Hg.): Vertrauen. Die Grundlage des sozialen Zusammenhalts. Frankfurt/M. S.143-160.
Marrow, Alfred J.; 2002: Kurt Lewin – Leben und Werk. Weinheim/ Basel.
Schein, Ed; 2003: Prozessberatung für die Organisation der Zukunft. Der Aufbau einer helfenden Beziehung. Bergisch-Gladbach.
Sennett, Richard; 1990: Autorität. Frankfurt/M.

Tippe, Andrea; 2008: Veränderung stabilisieren. Strategische Teamentwicklung als Führungsaufgabe zur Stabilisierung von Organisationsentwicklungsprozessen. Heidelberg.

Türk, Klaus/ Lemke, Thomas/ Bruch, Michael; 2006: Organisation in der modernen Gesellschaft. Eine historische Einführung. 2.Auflage. Verlag für Sozialwissenschaften. Wiesbaden.

Internetquellen

Becke, Guido; 2005: Überlebensfähigkeit durch radikalen Unternehmenswandel – Balanceakt zwischen Veränderungsdynamik und reproduktiver Stabilität. Universität Bremen, artec Forschungszentrum Nachhaltigkeit. URL://www.artec.uni-bremen.de/files/paper/paper_125.pdf [08.06.2005].

Sabine Hark

Wie viele Geschlechter gibt es in Wahrheit?

Aktenzeichen xy ungelöst

Nicht nur in der Geschichte der Leichtathletik ist der 19. August 2009 ein Datum, das in deren Annalen zukünftig einen prominenten Platz einnehmen wird. Auch über die Frage, wie viele Geschlechter es ‚in Wahrheit' gibt, kann seit diesem Tag nicht mehr gesprochen werden wie zuvor – und wird es auch nicht. Und vielleicht – wenn ich für einen Moment aus einer feministischen Warte sehr optimistisch sein darf – wird man sogar in ferner Zukunft sagen, dass dieser Tag den Anfang vom Ende der Zweigeschlechtlichkeit, wie wir sie kennen, markiert. Zur Erinnerung: Am 19. August 2009 rennt Caster Semenya, eine junge südafrikanische Mittelstreckenläuferin, während der Leichtathletik-WM in Berlin im 800-Meter-Finale ihren Konkurrentinnen davon und gewinnt mit einer Zeit von 1:55,45 – ihre persönliche und zugleich Weltjahresbestleistung – die Goldmedaille.[1] Caster Semenya rennt ein fabelhaftes Rennen, vom Rennverlauf vergleichbar dem weltweit bestaunten Fabelweltrekord-Rennen von Usain Bolt während derselben WM, aber sie läuft nicht Weltrekord. Andere Frauen vor ihr sind schneller gelaufen – der Weltrekord der Frauen steht seit dem 26. Juli 1983 bei 1:53,28, gelaufen von Jarmila Kratochvílová in München. Ebenso ist Semenyas Zeit selbst von der Zeit des langsamsten männlichen Läufers unter den 50 Schnellsten der Welt weit entfernt (1:43,60, Abdi Bile, Zürich, 16. August 1989), ganz zu schweigen vom Schnellsten der Männer (1:41,11, Wilson Kipketer, Köln, 24. August 1997).[2]

Eigentlich gab es also keine Gründe, Semenyas Lauf und Sieg zu bezweifeln – auch Usain Bolt steigerte im Übrigen seine Leistung in sehr kurzer Zeit auf seine heutigen,

---

[1] Laut *Berliner Zeitung* vom 20. November 2009 einigten sich die südafrikanische Regierung und Semenyas Anwälte mit dem Leichtathletik-Weltverband IAAF darauf, dass die Läuferin den WM-Titel von Berlin samt Prämie von 60.000 Dollar behalten darf. Zudem wurde über die Ergebnisse der Untersuchungen von Semenyas wahrem Geschlecht Stillschweigen vereinbart. Gründe für die Entscheidung wurden nicht genannt.
[2] Der deutsche Männerrekord steht seit dem 9. August 1983 bei 1:43,65, gelaufen von Willi Wülbeck, der der österreichischen Männer seit dem 19. Juli 1992 bei 1:46,21, gelaufen von Michael Wildner; der deutsche Frauenrekord steht seit dem 31. August 1987 bei 1:55,25, gelaufen von Sigrun Wodars in Rom, und der österreichische bei 1:56,64, gelaufen von Stephanie Graf am 25. September 2000 in Sydney.

noch vor zwei Jahren als unwahrscheinlich geltende Zeiten. Doch Caster Semenya war es, wie bekannt, nicht vergönnt, ihren Triumph zu genießen. Ihre Leistung stand sofort unter Verdacht. Weder, wie im Sport allgemein üblich, gratulierten ihre unterlegenen Konkurrentinnen, noch ließ sich das Berliner Publikum – abgesehen von der kleinen Schar südafrikanischer Fans – zu stürmischem Beifall hinreißen. In einer an Peinlichkeit – in des Wortes schärfster Bedeutung – kaum zu überbietenden Weise wurde Semenya fast direkt im Anschluss an den Lauf von Funktionären aus dem Stadion geführt und zum Objekt medizinischer Geschlechtsfeststellungstests gemacht. Ihre „männliche Erscheinung", das „ausgeprägte Kinn", die „tiefe Stimme" und großen Hände, „stark definierte Muskeln", das alles sei „doch einigermaßen dubios", weshalb es Zweifel gäbe, nein nicht, ob Semenya gedopt ist, sondern „ob diese Lady eine Frau ist" (Dieterle 2009), so der Sprecher der internationalen Vereinigung der LeichtathletInnen, IAAF, Nick Davies und IAAF-Vizepräsident Pierre Weiss, am Tag danach. So dubios für die IAAF, dass Semenyas Geschlecht – und damit ihr Status als Mensch – auf den biomedizinischen Prüfstand musste.

Seitdem steht nicht nur die Leichtathletikwelt Kopf. Die Frage, „Wer ist ein Mann, und wer eine Frau, wer ein Junge und wer ein Mädchen?" (Eder 2009), beschäftigt (wieder einmal) SportfunktionärInnen und MedizinerInnen, JuristInnen und JournalistInnen und es ereignet sich aus Sicht einer feministischen Geschlechterforscherin, die immer schon bezweifelte, dass die Wahrheit des Geschlechts in Form einer zweifelsfrei gegebenen Zweigeschlechtlichkeit existiert, Erstaunliches. Denn was hier passiert, kann durchaus als eine Form praktischer Dekonstruktion von Zweigeschlechtlichkeit – eine Wirklichkeit, die uns seit nunmehr zwei Jahrhunderten als unhintergehbare, in ‚nackten Tatsachen' begründete, ewige Wahrheit erscheint – angesehen werden. Galt bisher, regelmäßig von Ärzten und Ärztinnen gleich nach der Geburt durch den routinisierten Blick auf die Geschlechtsmerkmale festgestellt: Du bist ein Junge, du bist ein Mädchen, es gibt nur diese zwei Möglichkeiten – im Zweifelsfall wurde chirurgisch nachgebessert, so gerät diese vorgebliche Gewissheit jetzt (erneut) deutlich unter Druck. Nach den ersten medialen Volten, als selbst seriöse Zeitungen nicht davor gefeit waren, sich der Register des Dubiosen, Zweifelhaften, Betrügerischen zu bedienen und die Frage gestellt wurde „*Was* ist das?" (Simeoni 2009), sind nun jene Stimmen, die dafür plädieren, dass Politik, Gesellschaft und der Sport endlich anerkennen sollen, was nicht zu bestreiten ist, dass es nämlich ein drittes Geschlecht gibt, längst in der Mehrheit. „Caster Semenya ist keine Betrügerin und keine Kriminelle. Wahrscheinlich ist sie intersexuell. Der Sport sieht sich nun vor Fragen gestellt, die Politik und Gesellschaft seit Jahrzehnten tabuisieren", kommentierte die FAZ (Eder 2009). Die Menschheit sei keine Zweiklassengesellschaft, denn es gäbe eine weitere Möglichkeit: das dritte Geschlecht. Mindestens hunderttausend Intersexuelle, fährt der Artikel fort, solle es allein in Deutschland geben, Schätzungen reichten bis zu einer Million. Es gäbe „viel mehr Betroffene als angenommen", wird die Autorin Ulla Fröhling zitiert, die 2003 im Links-Verlag das „eindrucksvolle Buch *Leben zwischen den Geschlechtern* veröffentlichte – mit der erklärten Absicht, die Idee denkbar zu machen, dass intersexuellen Menschen ein Raum in dieser Gesellschaft zusteht". Eine Idee, die, so endet der Artikel, leider „eine Idee geblieben" sei, wie das Beispiel von Caster Semenya zeige, der 800-Meter-Weltmeisterin von Berlin.

Doch das allein brächte Zweigeschlechtlichkeit noch nicht zu Fall. Im Gegenteil: Es könnte sie gerade durch die Anerkennung eines dritten Geschlechts stabilisieren. Statistisch gesehen tritt Intersexualität ohnehin so selten auf, dass es gesellschaftlich ein Leichtes wäre, das dritte Geschlecht normalisierend zu integrieren: Seriöse Auswertungen aller vorhandenen Studien zu nicht-zweigeschlechtlicher Entwicklung gehen davon aus, dass weltweit ungefähr 1,7 Prozent aller Lebendgeburten dem Ideal eines absoluten Dimorphismus nicht entsprechen (vgl. Blackless u.a. 2000). Und entgegen allem Anschein sind Gesellschaften, positiv gesprochen, sehr wohl lernfähig, auf lange Sicht in der Lage, Abweichendes zu integrieren; man könnte sogar sagen, dass es gerade das Erfolgsgeheimnis moderner Gesellschaften ist, Abweichung zu integrieren, statt zu exkludieren. Zudem: Warum sollte ausgerechnet ein Einzelfall wie die Geschichte Semenyas wirkmächtiger sein als etwa die Kritik feministischer BiologInnen, die seit Langem argumentieren, dass der sexuelle Dimorphismus ein Ideal, aber nicht biologische Wirklichkeit ist? Doch Medizin und Biologie, so die feministische Kritik, hielten wider besseres Wissen an ihrer normativen Haltung fest, Zweigeschlechtlichkeit sei normal, alles Andere aber eine pathologische Abweichung. Auch die Intersex-Bewegung formuliert seit etlichen Jahren eine deutliche Kritik an der medizinischen Regulierungspraxis, ohne dass dies ein vergleichbares (Medien-)Echo ausgelöst hätte. Zudem gab es im Leistungssport vergleichbare Fälle, die zwar öffentlich verhandelt wurden, in der Sache jedoch nichts veränderten – und die für die Betroffenen oft genug tragisch endeten.

Aus feministischer Sicht sollte Zweigeschlechtlichkeit auch nicht nur deshalb hinterfragt werden, weil es (eine kleine Gruppe von) Menschen gibt, die ihr physisch widersprechen – was selbstredend schon ein sehr guter Grund ist – und deshalb ein bipolares, diskretes Klassifikationssystem völlig unzureichend ist, wie beispielsweise die US-amerikanische Molekularbiologin Anne Fausto-Sterling (2000) argumentiert. Das wäre letztlich ein defensiv-ontologisches Argument, das mit einer nicht anerkannten Faktizität gegen eine bloß soziale Denkkonvention argumentiert und Zweigeschlechtlichkeit selbst als vorgeblich morphologisches Faktum nicht in Frage stellt. Viel weitgehender und die zweigeschlechtliche Wahrheit des Geschlechts erschütternder ist dagegen die Einsicht, dass wir es in Sachen Geschlecht mit einem Kontinuum und nicht mit einer diskreten Dichotomie zu tun haben, dass Geschlecht auch jenseits von diagnostizierter Intersexualität in hohem Maße variabel ist.

Wider den Alltagsverstand

Und genau das zeichnet sich meines Erachtens derzeit in der Auseinandersetzung um den Geschlechtsstatus von Caster Semenya ab, wenn auch größtenteils nicht intendiert. So werden in etlichen Artikeln sehr ausführlich die verschiedenen Varianten, die es jenseits der chromosomalen Eindeutigkeit von [xx] und [xy] gibt, dargestellt, und erläutert, dass womöglich ein weiterer Genotyp existiert, dass Phänotyp und Genotyp, chromosomales, genitales, hormonales und gonadales Geschlecht divergieren, ja in Widerspruch zueinander stehen können, dass, so zitiert die FAZ die Genetikerin Heidemarie Nitzel, das Geschlecht ohnehin nicht so leicht zu bestimmen sei, da die „Übergänge zwischen Mann und Frau" fließend wären (FAZ, Stichwort Sex-Test 2009). Und die *Berliner Zeitung* verweist darauf, dass eine eindeutige wissenschaftliche Bestimmung des Geschlechts mit den bis heute zur Verfügung stehenden Methoden nicht möglich ist (Digel 2009). Eine Einsicht, die ja längst ein Echo in den Regularien des internationalen Leistungssports gefunden hat. So schaffte das IOC im Jahr 2000 alle Geschlechtstests bei Sportereignissen ab und in den Regelungen des IAAF zur Geschlechtsfrage, *Policy on Gender Verification* (vgl. IAAF 2006), heißt es, eine Entscheidung nur von Fall zu Fall, basierend auf individueller Einschätzung, treffen zu wollen und zu können.

Das aber heißt im Umkehrschluss, dass der internationale Sport im Grundsatz anerkennt, was die feministische Forschung seit ihren Anfängen nicht müde wird zu zeigen, dass nämlich der vorgeblich biologisch gegebene Dimorphismus in der Tat von seinem politischen und kulturellen Korsett abhängig ist, die Wahrheit des Geschlechts seit jeher keine nackte, sondern eine höchst bekleidete Wahrheit ist. Und damit wären nicht nur chirurgische Eingriffe bei Neugeborenen oder erzwungene Geschlechtsfeststellungstests als das skandalisierbar was sie sind: menschenrechtswidrig. Mit der Herausforderung von Zweigeschlechtlichkeit steht vielmehr, wie die Kulturwissenschaftlerin Gabriele Dietze (2006) argumentiert, das herrschaftliche verfasste Ordnungssystem der geschlechtlich definierten Binarität *selbst* zur Diskussion, nämlich in seiner Übereinkunft, dass es nur zwei mögliche Körper gibt.

Für das Alltagswissen würde das bedeuten, dass auch hier (langsam) ankommt, dass es nicht nur keinen direkten Einbahnweg von *Sex,* also das, was wir gemeinhin biologisches oder anatomisches Geschlecht nennen, zu *Gender* – dem sozial geprägten bzw. konstruierten Geschlecht – gibt, sondern es vielmehr gerade andersherum ist: dass *Sex* immer schon *Gender* gewesen ist, wie die berühmte und kontrovers diskutierte These Judith Butlers in ihrem Buch *Das Unbehagen der Geschlechter* von 1991 lautet. Und das ist wiederum nichts anderes als die elaborierte Version jenes Satzes, der am Anfang des modernen Feminismus steht: Simone de Beauvoirs Einsicht nämlich, dass wir nicht als Frauen geboren, sondern zu Frauen gemacht werden (Beauvoir 1949).

Doch warum sollte der Dimorphismus überhaupt entkleidet werden? „Es gibt doch nun einmal Männer und Frauen. Worüber muss man da nachdenken?", entgegnete mir einst ein Student im Einführungsseminar in Geschlechterforschung, dem zunächst nicht einsichtig war, warum das ein Gegenstand seines Soziologiestudiums sein sollte. Spontan würde vielleicht die Mehrzahl von uns dieser Feststellung des Studierenden zustimmen. In der Tat: Es ‚gibt' Männer und Frauen. Das scheint in den Gesellschaften, in denen wir leben, unumstößliche Gewissheit zu sein. Mehr noch: Spontan teilen wir wohl auch (fast) alle die Annahme, dass es spezifische Merkmale gibt, die jeweils allen Männern und Frauen gemeinsam sind, insbesondere dass Frauen und Männer über je spezifische Genitalien verfügen. Und leben wir nicht sehr gut mit der ‚Wahrheit' Zweigeschlechtlichkeit? Hilft diese uns nicht, die Welt sinnvoll zu ordnen, Männern und Frauen dabei, ihren Platz zu finden und dabei, herauszufinden, was sie zu tun haben? Und ja: Genau dafür wurden die bipolaren „Geschlechtscharaktere", wie die Historikerin Karin Hausen schon Mitte der 1970er Jahre feststellte, im ausgehenden 18. und frühen 19. Jahrhundert „erfunden" (Hausen 1976).

Neu an der Bestimmung der „Geschlechtscharaktere" war dabei der Wechsel des für die Aussagen über den Mann und die Frau gewählten Bezugssystems. Seit dem ausgehenden 18. Jahrhundert traten an die Stelle der sozialen Standesdefinitionen personenbezogene Charakterdefinitionen. Damit aber wurde ein partikulares durch ein universales Zuordnungsprinzip ersetzt: Statt des Hausvaters und der Hausmutter wurde jetzt das gesamte männliche und weibliche Geschlecht und statt der aus dem Hausstand abgeleiteten Pflichten werden jetzt allgemeine Eigenschaften der Personen angesprochen. Ein Prinzip, das noch heute sein Echo in jenen Publikationen findet, die uns allenthalben Wahrheiten des Geschlechts der Art verkünden, dass Frauen nicht einparken und Männer nicht zuhören können.

Aus feministischer Sicht ist das selbstredend unbefriedigend. Schließlich haben wir es nicht nur mit einem unschuldigen – zudem, wie wir gesehen haben, höchst unzureichenden – Ordnungssystem zu tun, sondern mit einer Herrschaftsstruktur, beziehungsweise eleganter gesprochen: mit einer „Weise, in der Machtbeziehungen Bedeutung verliehen wird", wie die US-amerikanische Historikerin Joan Scott (1986) formulierte.

Und wie das genau geschieht, wie Machtbeziehungen eine geschlechtliche Bedeutung verliehen wird, die uns jene als naturgegeben, damit unhintergeh- und unveränderbar, ergo legitim erscheinen lassen sollen, das zeigt mein nächstes Beispiel, das eine deutlich andere, sich seiner Sache nämlich sicher seiende Sprache spricht als das vorherige.

Der ‚ewige Unterschied'

Unter dem ewiggestrigen Titel *Der ewige Unterschied*, illustriert durch ein reizendes, gemischtgeschlechtliches Zwillingspaar in Rosa und Blau, die eine drapiert mit Puppe, der andere mit Roboter, teilte die deutsche Wochenzeitung DIE ZEIT in der Ausgabe vom 28. Juni 2007 gleich auf der Titelseite und ohne weitere Umschweife und Umstände Folgendes mit: „Mädchen bleiben Mädchen und Jungen Jungen! Und daran könne auch alle Erziehung nichts ändern." In der Abteilung „Wissen" geht es sachkundig weiter: „Alle erzieherischen Versuche, aus Mädchen und Jungen geschlechtsneutrale Wesen zu machen, seien gescheitert" (Strassmann 2007). Das sage im Übrigen auch „die Forschung". Erziehung und Umwelt könnten nämlich nur gestalten, was ihnen die Natur vorgebe. Gegen Gene und Hormone jedenfalls könnten weder Eltern noch Werbung etwas ausrichten: „Gegen die Natur", versichert der Autor Burkhard Strassmann, „kommt nur an, wer sie akzeptiert" (ebd.: 29).

Um diese Unausweichlichkeit der Natur festzustellen, reicht dem ZEIT-AutorInnen-Team zum einen der Verweis auf den schon zu Zeiten seines Erscheinens 1983 zweifelhaften Bericht des gescheiterten Selbstexperiments von Marianne Grabrucker, „*Typisch Mädchen ...*": *Prägung in den ersten drei Lebensjahren* (1983), ihre Tochter geschlechtsneutral zu erziehen, zum anderen ein Blick in deutsche Kinderzimmer und -gärten, in Spielzugläden und Schulen. Denn dort wimmele es nur so vor raufenden Jungs, die aus jedem Aststück ein Gewehr machten, um in die Welt zu ziehen und Monster zu killen, und sittsamen Mädchen in goldenen Schühchen und Glitzerkleidern, die auch mit einem Rennauto nicht mehr anzufangen wüssten, als Kleinfamilie zu spielen. Wo diese selbst eine kaputte Puppe lieber zur Hand nähmen als einen multifunktionalen Hightech-Bagger, bekämen jene Schreikrämpfe, landeten sie in der Spielzeugabteilung versehentlich in der pinkfarbenen Welt von Barbie.

Und nicht zuletzt ist auch die Frage der Zusammengehörigkeit von Mann und Weib hier zweifelsfrei geklärt. Jedenfalls sind schon die vierjährigen Kerle bestens in das ABC bundesdeutscher, heteronormativ verfugter Geschlechterarrangements eingeübt: „Wenn wir groß sind, heirate ich dich. Ich verdiene Geld, und du kochst."

Die Natur gibt diesem Szenario nach also vor, was wir geschlechtlich werden können – und welche sozialen Arrangements daraus resultieren. Dieses Skript ist zwar in Maßen variabel; unsere Rollen als komplementär und zugleich kontradiktorisch aufeinander bezogene sind allerdings unausweichlich. Die Alltagstheoreme der Zweigeschlechtlichkeit, deren Prinzipien Suzanne Kessler und Wendy McKenna (1978) schon Ende der 1970er Jahre kritisch aus dem Alltagswissen destilliert hatten,

- dass es zwei und nur zwei Geschlechter gibt,
- dass diese zwei Geschlechter biologisch (natürlicherweise) gegeben sind und sich im Laufe eines Lebens niemals ändern,

- dass alle Personen ausnahmslos natürlicherweise einem Geschlecht angehören,
- dass schließlich die Genitalien als der objektive Beweis eines Geschlechts gelten,

und, so muss man Kessler/McKenna wohl ergänzen,

- dass die beiden Geschlechter sich natürlicherweise wechselseitig begehren, Heterosexualität also als Regime der Regulierung von Geschlecht fungiert und Zweigeschlechtlichkeit zugleich deren Sinn ist,

ist für die Autoren und Autorinnen der ZEIT das unbestrittene Maß aller Dinge und Verhältnisse.

Dem feministischen Projekt der Veränderung von Geschlechterverhältnissen unter anderem durch die Reflexivierung von Geschlechtsidentitäten wird folglich ein vernichtendes Zeugnis ausgestellt. Das gesellschaftliche Experiment mit „Unisex und Dekonstruktion" sei zwar offensichtlich so unvermeidlich gewesen wie andere Verkrampfungen der vergangenen Jahrzehnte – „Latzhosenzwang, geschlechtsneutraler Plural, strickende Softmännchen und Stehpinklerkrieg" (Strassmann 2007.); all dies waren letztlich jedoch in seinen Augen nicht mehr als „historisch notwendige Stolpersteine fürs dumme Geradeausdenken", die heute doch *ad acta* gelegt, ja sogar widerlegt seien. Denn – und nochmal zum Mitschreiben: Gegen die Natur ist eh kein Kraut gewachsen! Das aber habe der Feminismus offensichtlich immer noch nicht erkannt, weswegen er – heute im Gewand von *Gender Mainstreaming* – unbeirrt an der „aktiven und planmäßigen Dekonstruktion der Geschlechtsrollen" festhalte (ebd.).

Rückzugsgefechte?

Das ist ein gänzlich anderer Ton als jener, den wir in den Einlassungen zur Geschichte von Caster Semenya kennengelernt haben. Ist dort von Ungewissheit und Nichtwissen die Rede, davon, dass wir Geschlecht weder bestimmen können, noch wissen, welche Wechselwirkungen beispielsweise zwischen chromosomalem und hormonellem Geschlecht bestehen, so dominiert hier ein Ton der absoluten Gewissheit. Dass es zwei und nur zwei Geschlechter gibt, diese schon erkennbar sind an ihren Spieldingen, in denen sich ihre wahre Natur zu erkennen gebe – von solcher Warte aus ist die Dekonstruktion von Zweigeschlechtlichkeit nur Teufelszeug, weil wider die Wahrheit der Natur. Doch wiederum von einer optimistischen Warte aus betrachtet, können wir auch diese populistisch-naturalisierenden, auf biologisierte Mythen zurückgreifenden Interventionen entgegen dem ersten, sich zweifelsfrei gebenden

Anschein nicht nur als Ausdruck von Zweifel und Ungewissheit, sondern auch als Rückzugsgefechte einer in die Defensive geratenen, heterosexuell organisierten und biologisch fundierten Zweigeschlechtlichkeit – und vielleicht mehr noch von heterosexueller Männlichkeit – deuten. Dafür spricht oberflächlich gesehen einiges: In Ostdeutschland etwa sehen die jungen Männer von den Frauen meist nur noch die Rücklichter der Autos, die sie sich selbst längst nicht mehr leisten können. Ohnehin haben diese die jungen Männer, was Bildung und Ambitionen, Kreativität und Visionen angeht, wie ein um die andere PISA- und Jugendstudie zeigen, längst abgehängt. Überhaupt scheint in Sachen Geschlechterordnung heute nichts mehr wie es war: International sind Frauen als Soldatinnen gefragt, unabhängig vom Geschlecht dürfen mittlerweile sogar in der Schweiz alle StaatsbürgerInnen wählen, auf der Bühne geben Frauen den Hamlet und Männer singen die Brünnhilde, und selbst bei *Germany's Next Topmodel*, einer wahrlich nicht geschlechtsindifferenten Sendung, versuchte eine transsexuelle Frau – wenn auch vergeblich – ganz nach vorne zu kommen. Weder im Berufsleben noch in der Bildung oder in den Familienbeziehungen taugen die alten Geschlechterarrangements noch, und dies vor allem, weil die Frauen diesen Arrangements massenhaft den Rücken kehren.

Die „inverse Strukturierung der Moderne", wie die Soziologin Claudia Honegger (1991) es nannte, also das gleichzeitige Erscheinen von Mensch und Weib in den Diskursen von Politik und Philosophie wie in den Wissenschaften vom Menschen, und die damit einhergehende hierarchisierende Ordnungsfunktion der Geschlechterdifferenz scheint also ihre naturalisierte und veralltäglichte Evidenz sowie ihre Wirkmächtigkeit endgültig zu verlieren. Dass Männer und Frauen ‚von Natur aus' unterschiedlich begabt sein sollten, ihnen folglich unterschiedliche Wege offenstehen und Positionen zukommen, dass er der Mensch und sie das Weib ist, sie an den Herd und er an die Börse gehört, darüber lachen meine Studierenden, gleich welchen Geschlechts, schon im ersten Semester. Feministische Anliegen sind zudem Teil historischer Objektivität, Teil institutioneller Vorgaben und institutionellen Handelns geworden. Gleichberechtigung zwischen den Geschlechtern gilt den meisten Frauen und Männern in den Gesellschaften des Westens als umgesetzt oder zum Greifen nah. Jedenfalls existieren geschlechtsbezogene Benachteiligungen in der Wahrnehmung von (jungen) Frauen und Männern kaum noch beziehungsweise werden diese, wenn sie wahrgenommen werden, als nicht legitim bewertet. Dieser Wahrnehmung korrespondiert die auch von Frauen- und GeschlechterforscherInnen vorgetragene Einschätzung, Gleichheit sei *als Norm* heute sogar weltweit etabliert. „Gleichberechtigung", argumentiert etwa die Soziologin Bettina Heintz, sei „nicht eine individuelle, auf westliche Länder und postmoderne Milieus beschränkte Norm", sondern auf globaler Ebene institutionalisiert und habe so die „Geschlechterverhältnisse weltweit affiziert" (Heintz 2001: 15).

Doch wo nicht nur Busse und Bahnen von Frauen gelenkt werden, schwinden umgekehrt die homosozialen Reservate der Männer und damit jene Räume, in denen Bourdieu zufolge der männliche Habitus in seiner doppelten Distinktions- und Dominanzstruktur – gegenüber der Welt der Frauen und auch gegenüber bestimmten anderen Männern – konstruiert und am Leben erhalten wird. Wenn aber Frauen Kanzlerin sein können und Schwule Regierende Bürgermeister oder Außenminister, diese also zu veritablen KonkurentInnen für den ganz normalen heterosexuellen Mann geworden sind, ist dessen Weg zur Position des Alphatierchens deutlich komplizierter und unübersichtlicher geworden.

Neue (alte) Offensive

Um diesen nicht nur gefühlten Erosionen im Geschlechterverhältnis – die nicht zuletzt indizieren, wie nachhaltig feministische Bewegungen in die Geschlechterordnungen und patriarchalen Tiefenstrukturen unserer Gesellschaften eingegriffen haben – Herr zu werden, wird einmal mehr das Arsenal biologisch fundierter Wahrheiten geöffnet. Weil offensive Infragestellungen von Geschlechtergerechtigkeit und Gleichberechtigung politisch nicht mehr opportun sind, wird die naturwissenschaftlich skandierte Betonung von wie auch immer ‚natürlichen' Geschlechterdifferenzen umso bedeutsamer.

Das ist für sich genommen nicht neu, im Gegenteil. Zunächst gehört ja die Produktion vielfältiger, sich permanent ‚modernisierender' Bilder von Männlichkeit und Weiblichkeit zum Arsenal jener Strategien moderner Gesellschaften, mit denen diese zur Wahrung ihrer strukturellen Stabilität auf Veränderungen reagieren. Diese Bilder von Männlichkeit und Weiblichkeit enthalten Deutungsangebote, die es den Mitgliedern einer Gesellschaft ermöglichen, sich zu Veränderungen dergestalt ins Verhältnis zu setzen, dass sie ihre praktischen Lebensäußerungen mit Sichtweisen, Normen und Werten versehen, die tendenziell den aktuell hegemonialen Deutungen und Normierungen ökonomischer, politischer und sozialer Verhältnisse korrespondieren. Und Geschlechterdiskurse – eng damit verknüpft, heteronormativ gerahmte, familienbasierte Vorstellungen von Sozialität – eignen sich dafür deshalb so gut, weil sie eine die Individuen und ihre unmittelbaren Beziehungen direkt ansprechende Form des Verhandelns über die Gesellschaft, ihr Selbstverständnis, die Legitimierung von In- und Exklusionen und von Ungleichheiten darstellen.

Es waren in diesem Zusammenhang gerade die im 19. Jahrhundert neu entstehenden Wissenschaften der Anthropologie, der Medizin, der Gynäkologie und der Anatomie, die beanspruchten, das ‚Wesen' der Geschlechterdifferenz entschlüsseln zu können, die die Biologisierung von Weiblichkeit betrieben und der Moderne so eine griffige Antwort auf ihr Dilemma lieferten, die natürliche Gleichheit aller Menschen zu behaupten, zugleich jedoch die politische Ungleichheit der „Wilden, Irren und Frauen" rechtfertigen zu wollen – und müssen. Bis in unsere Gegenwart sollte jene asymmetrisch organisierte, ‚inverse Strukturierung' von Männlich-Universalem und Weiblich-Besonderem die kulturelle, soziale und symbolische Architektur moderner Gesellschaften wesentlich bestimmen. Sie stellt bis heute auch ein mächtiges, immer wieder aktualisiertes und aktualisierbares Wahrheits-Archiv zur Verfügung, um auf Erschütterungen in der asymmetrischen Textur der Geschlechter und Gesellschaften zu antworten. So warnte die Historikerin Joan Scott (2001) bereits am Ausgang des 20. Jahrhunderts vor dem neuerlichen Siegeszug soziobiologischer und evolutionstheoretischer Argumentationen – allerdings auch vor dem möglichen Versagen der feministischen Theorie, auf diese Herausforderung zu antworten.

Zehn Jahre nach Scotts unheilvollen Jahrtausendwende-Fantasien kann man – und dies gilt ungeachtet meines absichtsvoll optimistisch gestimmten Auftakts – konstatieren, dass neo-darwinistische, neuropsychologische, genetische und biochemische Deutungen des Unterschieds der Geschlechter – im Verbund mit biologisierenden Deutungen von Homosexualität und „Rasse" – zumindest in ihren populären Trivialisierungen Schwergewichte in der alltagsweltlichen Imagination darstellen und zudem auch politisch um Einfluss ringen. Das ZEIT-Dossier ist vor diesem Hintergrund symptomatisch zu verstehen; und zwar als Symptom neuerlicher Verhandlungen einer heteronormativ gerahmten, biologisch fundierten Geschlechterdifferenz, die offenkundig ein privilegierter Ort ist, um Fragen zu erörtern, die wesentlich die Statik gesellschaftlicher Ordnungen berühren. Hier steht etwas auf dem Spiel – und dieses Etwas ist mehr als die Frage, ob – und wenn ja, warum – Mädchen gerne Rosa tragen.

Doch gleichwohl letztlich weder die Genetik noch die Kognitionsforschung, weder die Endokrinologie noch die Neuropsychologie, weder die Hirnforschung noch die Prähistorische Archäologie die Frage beantworten können, ob der Unterschied der Geschlechter einen Unterschied macht, ja ob es ihn in den je behaupteten Weisen überhaupt gibt, so besteht doch Einmütigkeit darüber, dass es einen unabwendbaren heterosexuellen Imperativ gibt, der den Unterschied braucht, nämlich als Steuerungsmechanismus bei der Auswahl des oder der ‚richtige/n' ReproduktionspartnerIn: „Es ist wesentlich für die Fortpflanzung und damit für unser Überleben", zitiert die ZEIT den Züricher Neuropsychologen Lutz Jäncke, „dass wir das andere Geschlecht als sehr unterschiedlich wahrnehmen" (zit. in: Herden 2007: 31).

The more things change the more they stay the same?

Dass ‚wir das andere Geschlecht als sehr unterschiedlich wahrnehmen' müssen – was womöglich die einzige Wahrheit des Geschlechts ist –, das hatte die US-amerikanische Kulturanthropologin Gayle Rubin bereits 1975 (dt. 2006) mit der legendär gewordenen Formel vom *sameness taboo* auf den Begriff gebracht: das Tabu also, dass Männer und Frauen in jedem Fall unterschieden und keinesfalls als gleich wahrgenommen werden dürfen.

„Die Arbeitsteilung nach Geschlecht", schrieb Rubin in *Frauentausch. Zur ‚politischen Ökonomie' von Geschlecht*, „kann [...] als ‚Tabu' angesehen werden: als Tabu gegen die Gleichheit von Männern und Frauen, als Tabu, das die Geschlechter in zwei sich gegenseitig ausschließende Kategorien aufteilt, und als Tabu, das die biologischen Unterschiede zwischen den Geschlechtern zuspitzt und dadurch Gender hervorbringt. Die Arbeitsteilung ist auch ein Tabu gegen geschlechtliche Verbindungen, die anders sind als die, die aus einem Mann und einer Frau bestehen, und schreibt somit heterosexuelle Ehen vor" (Rubin 2006: 87).

Wie dieses Gleichheits-Tabu funktioniert, will ich an zwei Beispielen erläutern: dem ‚Geschlecht' von Berufen und der Rolle von Technik für die Inszenierung des Geschlechtsunterschieds. Wie die feministische Professionsforschung zeigen konnte, gibt es letztlich nur eine Konstante im Prozess der Vergeschlechtlichung von Berufen: das hohe Maß an Flexibilität. Dies weise, wie die Soziologinnen Angelika Wetterer und Regine Gildemeister argumentieren, darauf hin, dass die Inhalte, die die Geschlechterdifferenz doch eigentlich ausmachen sollen, in gewissem Sinne beliebig seien. Die differenzierte Analyse des Geschlechtswechsels von Berufen zeige dagegen in der Tat, dass sich auf den ersten Blick nur die hierarchische Strukturierung im Verhältnis zwischen Frauenarbeit und Männerarbeit durchhält und das Geschlecht durchgängig als Platzanweiser oder Allokationsmechanismus fungiert (vgl. Gildemeister/ Wetterer 1992; Wetterer 2002).

Einen ähnlichen Prozess können wir für die Rolle von Technik als Medium der Inszenierung von Geschlechterdifferenz beobachten. Die Historikerin Karin Zachmann (2008) konnte zeigen, dass Technik historisch betrachtet genau in jenem Zeitraum, in dem formale Mechanismen und Institutionen der sozialen Differenzierung abgeschafft beziehungsweise aufgelöst werden, zum Beispiel Gesetze, die Frauen vom Wahlrecht oder der höheren Bildung ausschließen, ein wachsendes Gewicht für die soziale Markierung von Geschlechtergrenzen erlangt. In dem Maße, in dem der Gleichheitsanspruch der Moderne die Umstellung von formalen auf informelle Mechanismen der Differenzierung über Geschlecht nötig machte, wurde die Nutzung von Technik zu einem wichtigen Medium zur Aufführung des Geschlechtsunterschieds. Auch hier also: Es muss unterschieden werden, womit/wodurch ist (fast) egal.

Werfen wir vor diesem Hintergrund einen Blick auf das, was in Geschlechterdingen derzeit der Fall ist, so fällt zweierlei auf: Wir haben es ebenso mit übertreibenden Artikulationen der Geschlechterdifferenz zu tun, wie im Falle des ZEIT-Dossiers, wie mit Formen ihrer Dethematisierung und praktischen Dekonstruktion, wie im Falle der Berichterstattung über Caster Semenya. Auf der einen Seite wird neben medialen und (populär-)wissenschaftlichen Beschwörungen des ‚ewigen Unterschieds' beispielsweise auch politisch im Namen von Geschlechtergerechtigkeit „gegendert".

„Gender" ist hier das Gebot und zugleich die Lösung der Stunde – keine Eliteuni ohne Gender-Politik, kein Jungen-Bolzplatz ohne Mädchen-Ballspielplatz, kein Forschungsantrag ohne *Gender-Impact-Assessment*, keine OP ohne *Gender-Check*. All diese Unternehmungen kommen ohne beständige Reinszenierung und Redramatisierung der Geschlechterdifferenz nicht aus. Auch hier wird der Unterschied mindestens implizit vorausgesetzt und oft sogar explizit argumentativ in Anschlag gebracht. Die Geschlechterdifferenz wird also auch dort, wo sie kritisch in den Blick genommen wird, erneut zu einer Wirklichkeit verfestigt – über dieses Paradox, nämlich jene Differenz, deren asymmetrisierende Effekte bekämpft werden sollen, erneut relevant zu machen, ist in den vergangenen Jahren viel diskutiert worden.

Diesen Dramatisierungen, in denen die Alltagstheoreme der Zweigeschlechtlichkeit noch in den Wissenschaftlichkeit beanspruchenden Ausführungen präsent sind, steht auf der anderen Seite das augenfällige Schwinden der Evidenz und Wirkmächtigkeit der Geschlechterdifferenz gegenüber. Diese ist zudem, wie Bettina Heintz und Eva Nadai (1998) schon vor rund 10 Jahren feststellten, in zunehmendem Maße von ihrer *Mobilisierungsfähigkeit* abhängig. Das bedeutet zwar nicht automatisch, wie Heintz (2001) später präzisiert, dass die Geschlechterdifferenz prinzipiell als de-institutionalisiert gelten kann und folglich bedeutungslos ist. Vielmehr zielt die Diagnose darauf, dass die Aufrechterhaltung von Geschlechterungleichheit in steigendem Maße von kontextspezifischen Bedingungen abhängig ist und der ‚ewige Unterschied' nicht mehr umstandslos, routinisiert, als Deutungs- und Sinnressource zur Rechtfertigung von Ungleichheit zur Verfügung steht.

Die Semantik der Gleichberechtigung fungiert indes auch als Regulativ des Redens, und zwar dergestalt, dass das fraglos noch existente ‚alte' Geschlechterwissen, das eher in den Körpern als in den Köpfen steckt, einerseits kaum oder nur in Form von Exterritorialisierung thematisierbar ist – es sind irgendwelche anderen, im Zweifelsfall die eigenen Eltern als irgendwie Ältere, die im Korsett der geschlechterdifferenzierten Lebensweisen und -arrangements stecken. Andererseits aktiviert gerade diese Unmöglichkeit, das diskursiv inkompatibel gewordene alte Geschlechterwissen thematisieren zu können, längst veraltet geglaubte Geschlechterbilder und entsprechende Geschlechtsdarstellungen und -attributionen. Kehrseite der „rhetorischen Modernisierung", so Angelika Wetterers (2003) Begriff, ist daher auch und gerade bei den sich selbst jenseits der Bürde des Geschlechts sehenden jungen Frauen ein oft deutliches Beharren auf der Legitimität geschlechtsstereotypen Handelns und Verhaltens.

Dass es lediglich eine Frage von (wiedergewonnener) Höflichkeit beziehungsweise der physischen Überlegenheit des Mannes ist, wenn Männer Frauen die Tür aufhalten, ihnen die Tasche tragen und in den Mantel helfen, und nicht, wie Erving Goffman (1994) uns so unnachahmlich gelehrt hat, Moment jener „Interaktionsordnung" der Geschlechter, die den Unterschied als solchen erst erzeugt, glauben jedenfalls auch viele jener StudentInnen, die ansonsten für den ‚ewigen Unterschied' nur Gelächter übrig haben.

Und dennoch oder gerade weil die Geschlechterdifferenz artikuliert werden muss, gilt es darauf zu beharren, dass es „Frauen" und „Männer" als homogene Gruppen nicht gibt, ebenso wenig wie *die* Wahrheit über eine zweigeschlechtliche Welt. Die Grenzen sind nicht trennscharf zu ziehen, die traditionellen Pole „Männlichkeit" und „Weiblichkeit" gleichen eher „historischen Geschlechtskrankheiten" als einer bewahrenswerten Mitgift und bis jetzt hat sich noch hinter jeder ‚Wahrheit' des Geschlechts eine neue *black box* geöffnet. Menschen wie Caster Semenya attackieren durch ihre schiere Existenz den „normalen" Geschlechterkodex und widerlegen die scheinbar selbstverständliche Basisregel, dass Geschlecht klar definiert, der männliche oder weibliche Körper die natürliche Basis des sozialen Geschlechts sei und von Geburt bis zum Tod unverändert und kulturübergreifend feststehe. Wer aber hat das Recht, ein Klassifikationssystem über das schiere Leben zu stellen?

Was wir – und damit komme ich zum Schluss – aus der Geschichte von Caster Semenya indes noch lernen können, ist, dass es um mehr als um eine weitere Stimme im Chor ‚verrückter' Minderheiten geht – und das wäre, wie gesagt, schon viel. Denn was diese Geschichte auch verdeutlicht – und wovon im Übrigen auch das ZEIT-Dossier kündet –, ist, wie Judith Butler argumentiert, dass die Geschlechterdifferenz offensichtlich ein Ort ist, an dem wieder und wieder die Frage des Verhältnisses des Biologischen zum Kulturellen gestellt wird, an dem diese Frage gestellt werden muss und kann, aber wo sie, streng genommen, nicht beantwortet werden kann (vgl. Butler 2009: 281-324).

Wenn das zutrifft, Geschlechterdifferenz also weder, wie Butler fortfährt, ein Ding, eine Tatsache oder eine Vorannahme ist, sondern das machtgetränkte Verlangen nach erneuter Artikulation darstellt, etwas, was also fortwährend verhandelt werden *muss*, darf die Frage der Geschlechterdifferenz in der Tat nicht abschließend beantwortet werden. Denn auf dem Terrain dieser Frage wird auch die Frage des Menschlichen verhandelt, insofern es vor allem die kulturelle Norm des „biologischen Geschlechts" ist, die regiert, welche Körper sozial bedeutsam oder geächtet sind und welche Art Person jemand überhaupt werden kann – und welche Rechte ihr folglich zustehen.

Eingedenk dieser Überlegung täten wir gut daran, nicht nur aufmerksam zu bleiben für die Schäden, die durch die Verweigerung von Anerkennung angerichtet werden, sondern auch daran, beständig den Grundsatz zu verteidigen, dass wir ‚die' Wahrheit des Geschlechts nicht kennen und nicht kennen wollen.

Literaturverzeichnis

Beauvoir, Simone de; 1949: Das andere Geschlecht. Reinbek 2002.
Blackless, Melanie/ Charuvastra, Anthony/ Derryck, Amanda/ Fausto-Sterling, Anne; 2000: How Sexually Dimorphic Are We? Review and Synthesis. In: American Journal of Human Biology, 12. S. 151-166.
Butler, Judith; 1991: Das Unbehagen der Geschlechter. Frankfurt/M.
Butler, Judith; 2009: Die Macht der Geschlechternormen und die Grenzen des Menschlichen. Frankfurt/M.
Dietze, Gabriele; 2006: Schnittpunkte. Gender Studies und Hermaphroditismus. In: Gabriele Dietze/ Sabine Hark (Hg.): Gender kontrovers. Genealogie und Grenzen einer Kategorie. Königstein. S. 46-68.
Fausto-Sterling, Anne; 2000: Sexing the Body: Gender Politics and the Construction of Sexuality. New York.
Gildemeister, Regine/ Wetterer, Angelika; 1992: Wie Geschlechter gemacht werden. Die soziale Konstruktion der Zweigeschlechtlichkeit und ihre Reifizierung in der Frauenforschung. In: Gudrun-Axeli Knapp/ Angelika Wetterer (Hg.): Traditionen – Brüche. Entwicklungen feministischer Theorie. Freiburg. S. 201-254.
Goffman, Erving; 1994: Das Arrangement der Geschlechter. In: Ders.: Interaktion und Geschlecht. Frankfurt/ New York, S. 105-158.
Grabrucker, Marianne; 1983: „Typisch Mädchen …": Prägung in den ersten drei Lebensjahren. Frankfurt/M.
Hausen, Karin; 1976: Die Polarisierung der „Geschlechtscharaktere". Eine Spiegelung der Dissoziation von Erwerbs- und Familienleben: In: Sabine Hark (Hg.): Dis/Kontinuitäten: Feministische Theorie. Wiesbaden 2007. S. 173-196.
Heintz, Bettina/ Nadai, Eva; 1998: Geschlecht und Kontext. DeInstitutionalisierungsprozesse und geschlechtliche Differenzierung. In: Zeitschrift für Soziologie 2/1998. S. 75–93.
Heintz, Bettina; 2001: Geschlecht als Un-Ordnungsprinzip: Entwicklungen und Perspektiven der Geschlechtersoziologie. In: Bettina Heintz (Hg.): Geschlechtersoziologie, Sonderband 41 der Kölner Zeitschrift für Soziologie und Sozialpsychologie. Opladen. S. 9 – 29.
Honegger, Claudia; 1991: Die Ordnung der Geschlechter. Die Wissenschaften vom Menschen und das Weib. Frankfurt/ New York.
Kessler, Suzanne/ McKenna, Wendy; 1978: Gender: An ethnomethodological approach. New York.

Rubin, Gayle; 2006: Der Frauentausch. Zur ‚politischen Ökonomie' von Geschlecht. In: Gabriele Dietze/ Sabine Hark (Hg.): Gender kontrovers. Genealogie und Grenzen einer Kategorie. Königstein, S. 69- 115.

Scott, Joan; 1986: Gender: Eine nützliche Kategorie der historischen Analyse. In: Nancy Kaiser (Hg.): Selbst Bewusst. Frauen in den USA. Leipzig 1994. S. 27-75.

Scott, Joan; 2001: Die Zukunft von gender. Fantasien zur Jahrtausendwende. In: Claudia Honegger/ Caroline Arni (Hg.): Gender – die Tücken einer Kategorie. Joan W. Scott, Geschichte und Politik. Zürich. S. 39-63.

Strassmann, Burkhard; 2007: Woher haben sie das? In: „Die Zeit" vom 28. 6. 2007.

Wetterer, Angelika; 2002: Arbeitsteilung und Geschlechterkonstruktion. „Gender at Work" in theoretischer und historischer Perspektive. Konstanz.

Wetterer, Angelika; 2003: Rhetorische Modernisierung: Das Verschwinden der Ungleichheit aus dem zeitgenössischen Differenzwissen. In: Gudrun-Axeli Knapp/ Angelika Wetterer (Hg.): Achsen der Differenz. Gesellschaftstheorie & feministische Kritik 2. Münster. S. 286-319.

Zachmann, Karin; 2008: Technik, Konsum und Geschlecht – Nutzer/innen als Akteure/innen in Technisierungsprozessen. In: Petra Lucht/ Tanja Paulitz (Hg.): Recodierungen des Wissens. Stand und Perspektiven der Geschlechterforschung in Naturwissenschaften und Technik. Frankfurt/ New York.

Internetquellen

Dieterle, Claus; 2009: „Ist diese Lady eine Frau?". In: Frankfurter Allgemeine Zeitung vom 20. August 2009. In: http://www.faz.net/s/Rub35544C720AF84850897745F2D10DC2F0/Doc~E963D0184898D42EDAAE452A7A4B9975E~ATpl~Ecommon~Scontent.html [11.01.2010].

Digel, Helmut; 2009: „Wo startet ein Hermaphrodit?". In: Berliner Zeitung vom 12. September 2009. In: http://www.berlinonline.de/berliner-zeitung/archiv/.bin/dump.fcgi/2009/0912/sport/0006/index.html [11.01.2010].

Eder, Michael; 2009: „Das dritte Geschlecht". In: Frankfurter Allgemeine Zeitung vom 2. Oktober 2009. In: http://www.faz.net/s/Rub9CD731D06F17450CB39BE001000DD173/Doc~E81B76BF59CDF452A9A14B9719296B934~ATpl~Ecommon~Sspezial.html [11.01.2010].

FAZ; 2009: „Stichwort Sex-Test". In: Frankfurter Allgemeine Zeitung vom 20. August 2009. In: http://www.faz.net/s/Rub35544C720AF84850897745F2D10DC2F0/Doc~EAB46242761D941A788CAFC4C7519B61E~ATpl~Ecommon~Scontent.html[11.01.2010].

Herden, Birgit; 2007: Erbe und Erziehung, In: „Die Zeit" vom 28.Juni.2007. In: http://www.zeit.de/2007/27/PS-Biologie-Gender?page=all [08.02.2010].

International Association of Athletics Federations (IAAF); 2006: Policy on Gender Verification. In: http://www.iaaf.org/mm/document/imported/36983.pdf [11.01.2010].

Simeoni, Evi; 2009: „Wer ist das?". In: Frankfurter Allgemeine Zeitung vom 21. August 2009. In: http://www.faz.net/s/Rub35544C720AF84850897745F2D10DC2F0/Doc~EDC4AB8892BAD40F3859ABE03F2210C5D~ATpl~Ecommon~Scontent.html [11.01.2010].

Christian Fleck

Wie statistische und andere Zahlen unser Vertrauen gewinnen und enttäuschen

Wissen in Zahlen

Menschen wie du und ich wissen eine Menge über sich. Ein Teil dieses Wissens wird als Zahl gemerkt und kann, wenn nötig, anderen mitgeteilt werden. Das Geburtsdatum beziehungsweise das Alter, die Körperlänge und das Körpergewicht, die Zahl der Jahre, die wir in Bildungseinrichtungen verbracht haben, das Monatseinkommen und die Zahl der eigenen Kinder können wir wahrheitsgemäß bekannt geben. Die meisten dieser numerischen Informationen beruhen auf recht einfachen Rechenoperationen und sie stehen uns ohne viel Nachdenken zur Verfügung. Das gilt selbst für jene Zahlen, die wir als zu unserer Person gehörig betrachten, deren Richtigkeit aber von vergangenen Handlungen anderer abhängt: Altersangaben beruhen darauf, dass die Geburtsurkunde richtig erstellt wurde. Andere Zahlen, die wir über uns wissen, beruhen auf Berechnungsmethoden, die uns unbekannt oder gleichgültig sind, die aber einige von uns dennoch fehlerfrei berichten können, wie beispielsweise Blutdruckwerte, Pulsschlag oder neuerdings auch den Body-Mass-Index. Die meisten Zahlen, die wir über uns wissen, haben wir durch eigenes Zutun *erworben*. Sie stehen mit uns und unserem Selbst in einem derart engen Zusammenhang, dass wir uns durch sie identifizieren und von anderen unterscheiden können.

Daneben wissen wir über uns auch Zahlen, die mit unserer Person auf unverwechselbare Weise verknüpft sind, die uns aber nur *zugeschrieben* wurden: Hausnummer, Postleitzahl, Telefonnummer(n), Autokennzeichen, Sozialversicherungsnummer, Kontonummer und neuerdings merken wir uns auch schon IBAN, PIN-, TAN- und andere Codes. Im Allgemeinen suchen wir uns diese Zahlen nicht aus, betrachten sie auch nicht als informationshaltig und merken sie uns in der Regel nur, weil wir sie öfters jemandem anderen mitteilen wollen oder müssen. Durch Wiederholung prägen wir sie uns ein. An den zugeschriebenen Zahlen hängen wir weniger als an den erworbenen. Einige der hier erwähnten Zahlen beziehen sich auf unser Wohlbefinden oder sagen etwas über unseren sozialen Status aus; manche sind stabil, andere ändern sich fallweise oder auch stetig. Veränderungen bei den erworbenen Zahlen nehmen wir vielleicht eher mit einer gewissen Wehmut zur Kenntnis.

Menschen wie du und ich wissen auch Zahlen über die Gesellschaft, in der wir leben: Einwohner und Fläche Österreichs, die Zahl der Bundesländer und anderer administrativer Einheiten, manche wissen auch das Durchschnittseinkommen oder die Größe ihrer eigenen oder anderer Berufsgruppen. Von einer verschwindend kleinen Minderheit abgesehen, wissen die meisten Menschen diese Zahlen nur ungefähr. Manchmal weicht die gewusste (oder für richtig gehaltene) Zahl von der wahren deutlich ab (so dürften zwar fast alle die Zahl der österreichischen Bundesländer wissen, bei der Fläche Österreichs und der Zahl der politischen Bezirke, dem Durchschnittseinkommen oder der Zahl der Studenten ist die Trefferquote vermutlich deutlich geringer). Neben Absolutzahlen verfügen viele Menschen auch über ein Wissen, das in Relativzahlen ausgedrückt wird: Inflationsrate, Arbeitslosenquote, Wirtschaftswachstum, Geburtenrate, Scheidungsrate, Selbstmordrate oder der Anteil der ausländischen Bevölkerung.

Das Wissen in Zahlen über unsere Gesellschaft unterscheidet sich vom Wissen in Zahlen über uns selbst in mehrfacher Weise: Während wir über uns selbst zumeist absolute Zahlen wissen, wissen wir über unsere Gesellschaft häufiger Relativzahlen. Unsere Vermutungen stimmen eher hinsichtlich dieser Raten als irgendwelcher Absolutzahlen. Die Arbeitslosen-, Inflations- etc. -raten beruhen allesamt auf aggregierten Daten, sie werden in einprägsamer Form kommuniziert und besitzen einen hohen Wiedererkennungswert, der auch darauf beruht, dass manche dieser Raten regelmäßig kundgemacht und in der Öffentlichkeit kommentiert werden. Ihre Erstellung beziehungsweise Berechnung erfolgt durch eigens dafür eingerichtete Ämter.

Die von Experten erstellten Daten sind oftmals Nebenprodukte des Routinehandelns von Beamten oder anderen mit administrativen Aufgaben betrauten Personen. Die Standesbeamtin oder der Mitarbeiter des Arbeitsmarktservice (AMS) tut eigentlich etwas anderes, aber nebenbei führen sie Aufzeichnungen, die übergeordneten Stellen in regelmäßigen Abständen übermittelt werden (müssen) und dort dann weiterverarbeitet werden. Diese Buchführung dient fast immer auch zur Kontrolle der Untergebenen.

Bei der Aufzeichnung der Daten spielen Interessenlagen der Aufzeichner eine wichtige Rolle, die selten ins Zentrum der Aufmerksamkeit rücken. Das Spektrum reicht vom einen Extrem, wo gegenüber dem konkreten Inhalt Desinteresse herrscht, bis zum anderen, wo die berichteten Zahlen zugleich auch als Erfolgsausweis der die Daten sammelnden oder Aufzeichnungen führenden Instanz fungieren. Der Ausdruck „desinteressiert" ist erläuterungsbedürftig. Als desinteressiert wird jemandes Arbeit bezeichnet, der nicht vorweg, aus welchen Gründen auch immer, am konkreten Ergebnis Interesse hat, sondern dessen Interesse sich nur darauf richtet, dass die Rechen- oder anderweitigen Operationen korrekt durchgeführt werden, zu deren Ausführung jemand beauftragt wurde oder diese aus Eigenem ausführt. In diesem Sinn gilt gemeinhin die Arbeit von Wissenschaftlern als desinteressiert, weil von ihnen erwartet wird, dass sie unter Beachtung der Regeln ihrer jeweiligen Disziplin vorgehen und nicht auf ein bestimmtes, inhaltlich vorweg konkret umschriebenes Ergebnis hinarbeiten. Wissenschaftler stehen zwar zunehmend unter Verwertungsdruck, doch dieser sich immer öfter auch in zahlenförmigen Vorgaben ausdrückende Zwang zur Produktion – beispielsweise wissenschaftlicher Veröffentlichungen – wirkt sich (noch) nicht unmittelbar auf den Inhalt der Forschung aus: Erwartet wird, dass man zum Beispiel in Zeitschriften mit hohem Impact Faktor publiziert und diese Zeitschriften mögen Beiträge einer bestimmten Richtung anderen vorziehen, was aber (noch) nicht mit jenen Erwartungen gleichzusetzen ist, die beispielsweise einer untergeordneten Behörde entgegen gebracht werden, deren Existenzberechtigung von der Erfüllung bestimmter Kennzahlen abhängig ist: Wer eine bestimmte Zahl an Schutzimpfungen zu verabreichen hat, produziert nicht nur eine erhöhte Zahl zum Beispiel gegen Grippe Immunisierter, sondern trägt damit auch zu einer erfolgreichen Präventionspolitik bei, deren sich übergeordnete Stellen dann rühmen können. Sozialwissenschaftler tendieren seit Längerem dazu, sogenannte statistisch signifikante Ergebnisse hervorzuheben und jene, die dieses Gütekriterium nicht erfüllen, unerwähnt zu lassen. Doch welche Variablen miteinander verglichen werden, bleibt ihnen überlassen, während eine Impfstelle nicht frei ist, dieses Jahr lieber Kondome zu verteilen.

Ein Desinteresse in dem hier erläuterten Sinn kann für viele andere Institutionen allerdings von vornherein in Abrede gestellt werden: Die meisten bürokratischen Einheiten, die in irgendeiner Weise Aufzeichnungen über ihre Arbeit führen, die übergeordneten Stellen zur Weiterverarbeitung ausgehändigt werden, verfolgen mit der Aufzeichnung zumeist auch sachfremde Ziele. Beispielsweise kann eine Außenstelle des AMS, die über ihre Arbeit Bericht erstatten muss, versuchen wollen, gegenüber Vorgesetzten als besonders diensteifrig zu erscheinen und deswegen in einem bestimmten Zeitabschnitt besonders viele Sperren des Bezugs von Unterstützungsleistungen aussprechen – zu einem anderen Zeitpunkt aber dieselbe Sanktion nachlässiger einsetzen, weil die Außenstelle nun demonstrieren will, dass ihre früher gezeigte Unnachsichtigkeit zu Lernerfolgen aufseiten des Klientels geführt hat – mit anderen Worten, dass man erfolgreich war (vgl. Zilian 1990).

Neue Führungsmodelle wie das New Public Management können im Verein mit dem verstärkten oder heute nahezu flächendeckenden Einsatz von EDV-Programmen und vernetzten Datenbanken dazu beitragen, dass die in solchen Systemen mögliche Kontrolle der Mitarbeiter in den Vordergrund und die korrekte Ausführung der dem jeweiligen Amt übertragenen Aufgabe in den Hintergrund tritt. Man denke nur an die Mitarbeiter des Finanzamts, die heute ihre Akten elektronisch führen und nicht mehr als Papierakten, die einer einfachen und raschen Kontrolle durch Controlling-Abteilungen weitestgehend entzogen waren. In der EDV-Aktenwelt lässt sich hingegen mit ein paar Handgriffen feststellen, wer beispielsweise im vergangenen Jahr unterdurchschnittlich viele Steuersünder ausfindig gemacht hat.

Viele der Zahlen, die über das Wohlbefinden unserer Gesellschaft regelmäßig verlautbart werden, beruhen auf der Zusammenfassung von Daten, die zur gleichen Zeit Bericht über den Umfang von X (beispielsweise der Kriminalität) und Leistungsnachweis der mit diesem Problem befassten Dienststellen sind. Als Beispiel denke man an die Kriminalstatistik, die unter anderem die Zahl der zur Anzeige gebrachten Delikte ausweist. Bevor ein Polizeibeamter eine Anzeige aufnimmt, steht er vor der Entscheidung, ob er nicht doch noch einmal ein Auge zudrücken soll. Sobald die Zahl der erfassten Delikte auch zum Maßstab der ordentlichen Amtsführung der jeweiligen Dienststelle wird, gibt es eine unausgesprochene Einladung, vom Zudrücken der Augen abzusehen. In diesem Fall steigt dann die Kriminalität allein schon deswegen, weil Polizisten beweisen wollen und müssen, dass sie ihre Arbeit ordentlich machen.

Die Hoffnung aller mit der rechnerischen Zusammenfassung von Daten Befassten geht seit Anfang an dahin, dass sich „Ausreißer" in die eine Richtung durch solche in die andere ausgleichen – in der Welt des New Public Management und des Benchmarking ist allerdings das Gegenteil wahrscheinlich: Der Imperativ der Verbesserung der „Performance" von Verwaltungseinheiten führt notwendigerweise zu einer Zunahme der im jeweiligen bürokratischen Feld als Erfolg definierten Handlungen und damit zu einer Steigerung der Kennzahlen. Führt eine Schulverwaltung beispielsweise eine Erfolgsstatistik über Absolventen ein, lädt sie die Lehrer geradezu dazu ein, mehr Schüler „durchzulassen", solange der Erfolg der einzelnen Schule an der Zahl der Absolventen und nicht an deren Qualität gemessen wird.

Zahlen, die etwas über das Wohlbefinden unserer Gesellschaft sagen sollen, die zugleich aber innerhalb der jeweiligen Bürokratie als Leistungskontrolle der Beschäftigten benutzt werden (können), sind daher anfällig für systematische – und nicht nur zufällige – Verzerrungen. Den Luxus der Beauftragung desinteressierter Zähler leisten sich wenige Behörden und wenige hauptberuflich Desinteressierte – wozu beispielsweise Wissenschaftler zählen sollten – finden es innerhalb ihrer beruflichen Belohnungssysteme attraktiv, die Kärrnerarbeit derartiger Sozialberichterstattung zu machen.

Neben dem Umstand möglicher systematischer Verzerrung der aufgezeichneten und an höherer Stelle aggregierten Zahlen muss der Tatsache Beachtung geschenkt werden, dass vielfach die Bandbreite möglicher Rechenoperationen durch die Art der Primäraufzeichnung beschränkt wird. Ich werde das weiter unten am Beispiel der Aufzeichnungen über Scheidungen und Arbeitslose im Detail diskutieren, will hier aber schon darauf hinweisen, dass die überwiegende Mehrzahl der Zahlen und Raten, die etwas über das Wohlbefinden unserer Gesellschaft aussagen sollen, nicht aufgrund wissenschaftlicher oder sachlicher Erwägungen erhoben werden. Vielmehr wurden irgendwann in der Vergangenheit die von Verwaltungseinheiten routinemäßig erstellten Aufzeichnungen genommen und zu sozialen Indikatoren „geadelt", anstatt eigene Erhebungen jener Daten zu fordern, an deren Vorhandensein ein begründetes Interesse bestehen hätte können. In manchen Staaten wurden und werden ganz bestimmte Daten aus Gründen, die man im Einzelnen historisch zurückverfolgen kann, gar nie von amtlicher Seite gesammelt – daher weiß man beispielsweise nichts Genaues über die ethnische und religiöse Zusammensetzung der französischen Bevölkerung, weil der Laizismus der französischen Republik Religion für eine Privatangelegenheit hält und weil wegen der mörderischen Konsequenzen des „Judenregisters" der Vichy-Regierung der 1940er Jahre, jede Form ethnischer Zählung in Misskredit geriet. Die Folge dessen ist, dass heute in der französischen Öffentlichkeit auf der Basis von Mutmaßungen über die Größe der muslimischen Bevölkerung – sie schwankt zwischen zwei und sechs Millionen – Meinungen gebildet werden und Politik gemacht wird (vgl. Balmer 2010).

Vertrauen in Produzenten

An die Seite der Erstellung des zahlenförmigen Wissens über unsere Gesellschaft gesellt sich die Verbreitung desselben. Dafür sind andere Berufsgruppen zuständig: Die quintessenziellen Disseminatoren von Wissen sind Lehrende und Journalisten, aber auch Politiker und Fürsprecher übernehmen diese Aufgabe. Auch bei diesen Berufsgruppen lohnt es sich, ihre Interessenlage zu betrachten. Von Lehrpersonen erwarten wir, dass sie der Wahrheit und nichts als der Wahrheit verpflichtet sind. Verzerrungen von Informationen bei deren Weitergabe sind aber auch bei ihnen nicht rundweg auszuschließen, sie kommen allerdings nur ins Spiel, weil und insoweit Rollenkonflikte zum Tragen kommen. Da allerdings auch jede Lehrerin zugleich Staatsbürgerin, Mitglied einer politischen Partei oder einer Gewerkschaft sein kann und sich darüber hinaus noch allerhand anderen Bezugsgruppen verpflichtet fühlen kann, wäre es naiv anzunehmen, dass Lehrende niemals von anderen Interessen als jenem der wahrheitsgemäßen Unterrichtung ihrer Schüler geleitet sind. Von manchen Journalisten und den meisten Politikern erwarten wir zumeist gar nicht, dass sie uns nichts als die Wahrheit berichten. Die von ihnen verbreiteten Informationen dienen zumeist auch anderen, sachfremden Absichten. Einschaltquoten und Auflagenhöhen des jeweiligen Mediums und innerhalb desselben Rivalitäten zwischen Ressorts und Redakteuren machen Informationen zu Handelswaren auf einem Markt der Aufmerksamkeit. Aktivisten, die es sich angelegen sein lassen, für andere als Fürsprecher tätig zu werden, neigen dazu, das soziale Problem, dessen Bearbeitung sie sich verschrieben haben, in dramatischeren Farben zu schildern, als es ein desinteressierter Beobachter tun würde. Auch bei der Bekämpfung von Missständen gibt es einen Wettbewerb um Aufmerksamkeit, und da es unwahrscheinlich ist, dass jemand Schlagzeilen macht, wenn er eine Verringerung des von ihm zur Bekämpfung auserkorenen Übels berichtet, tendieren Fürsprecher zumeist eher zur Dramatisierung, die begleitet wird von einer tendenziellen Vergrößerung der Zahlen über das jeweilige Feld.

Das Vertrauen, das man jemandem entgegen bringt, setzt sich aus verschiedenen Komponenten zusammen. Zu ihnen gehört auch die Erwartung, dass künftige Handlungen des Anderen vorhersehbar sind und sich unsere Annahmen über ihn nicht als unzutreffend herausstellen. Die Glaubwürdigkeit von Mitteilungen desjenigen, dem wir uns in irgendeiner Weise ausliefern, weil wir ihm Vertrauen entgegenbringen, hat eine große Bedeutung. Wir vertrauen anderen, weil sie uns in der Vergangenheit nicht hinters Licht geführt oder übervorteilt haben, weil sie tatsächlich so handelten, wie sie im Voraus verkündeten, et cetera. Die Glaubwürdigkeit jemandes steigt in dem Maße, in dem er uns bislang mit zutreffenden Informationen versorgt hat. Deswegen räumen wir so jemandem gleichsam Kredit ein auf die von ihm zukünftig zur Verfügung gestellten Informationen. Vertrauen kann also akkumuliert werden.

Über das Vertrauen, das Menschen wie du und ich Angehörigen bestimmter Berufsgruppen entgegen bringen, werden regelmäßig Erhebungen durchgeführt. *Reader's Digest* ist eine der Firmen, die derartiges für viele Länder dieser Welt erheben lassen. Die allerjüngste Veröffentlichung über den Anteil jener, die bestimmten Berufsgruppen „ziemlich hohes" und „sehr hohes" Vertrauen entgegenbringen, zeigt für das Jahr 2008 ein in manchen Punkten vermutlich überraschendes, jedenfalls in mehreren Fällen erklärungsbedürftiges Bild (siehe Tabelle 1).

Beherrschung komplexer Technologien, Bereitschaft, unangenehme oder gefährliche Arbeiten zugunsten Dritter auszuüben, Hilfe in bedrohlichen oder schmerzhaften Situationen, Versorgung mit Nahrungsmitteln und Konfliktlösung sind Leistungen, die jene erbringen, die auf den vordersten Rängen zu finden sind. Es folgen Ratgeber und Dienstleister, während die Disseminatoren – also Lehrer, Pfarrer, Meteorologen, Journalisten – weitaus weniger Vertrauen auf sich versammeln können und nur noch von den Politikern überboten werden.

Diejenigen, die den Meteorologen kein Vertrauen entgegen bringen, erliegen der Verwechslung von Botschaft und Bote. Sie machen die Wetterpropheten für das

Tabelle 1: Ausmaß, in welchem einer Berufsgruppe ziemlich hohes und sehr hohes Vertrauen entgegengebracht wird

Rang	Berufsgruppe	Anteil (in %)	Rang	Berufsgruppe	Anteil (in %)
1.	Flugzeugpilot	94	11.	Meteorologe	60
	Krankenschwester	94	12.	Rechtsanwalt	56
3.	Feuerwehrmann	93	13.	Taxifahrer	47
4.	Apotheker	92	14.	Reisebüromitarbeiter	39
	Arzt	92	15.	Finanzberater	36
6.	Bauer	80	16.	Journalist	19
7.	Richter	76		Gewerkschafter	19
8.	Polizist	75		Fußballspieler	19
9.	Lehrer	71	19.	Autoverkäufer	16
10.	Pfarrer	63	20.	Politiker	7

Quelle: Reader's Digest Trusted Brands 2009, http://www.rdtrustedbrands.com/trusted-brands/results/tables/Confidence%2520in%2520Professions.country.Austria.shtml.

Wetter verantwortlich, weil nicht anzunehmen ist, dass jemand, der den Meteorologen „ziemlich und sehr hohes Vertrauen" vorenthält, deren meteorologische Kunstfertigkeit bezweifelt. Lehrer und Pfarrer vermitteln nicht nur Informationen und vielleicht ist ihr vergleichsweise geringeres Vertrauen einer dieser anderen Facetten ihres Tuns zuzuschreiben, während das gewöhnliche Publikum von Journalisten ja nichts anderes erwartet und erwarten kann, als richtig informiert und gut unterhalten zu werden. Im Fall der Journalisten kann man also getrost annehmen, dass ihr relativ geringes Vertrauenskapital aus unzulänglicher Leistungserbringung resultiert.

Die Berufsgruppen, die weiter oben als jene genannt wurden, die vorrangig mit der Vermittlung von Wissen befasst sind und damit auch die Zahlen liefern oder verbreiten, die etwas über die Befindlichkeit unserer Gesellschaft sagen, stoßen beim breiteren Publikum auf vergleichsweise geringe Anerkennung. Es spricht einiges für die Vermutung, dieses geringe Vertrauen sei die Folge von vergangenen Fehlinformationen. Dabei bleibt aber zu bedenken, dass es sich auch nur um als falsch wahrgenommene Informationen handeln kann. Produzenten und Verbreiter können in der Mehrzahl der Fälle empirisch richtige, das heißt zutreffende Informationen bereitstellen, die Konsumenten aber jenen einzelnen Fall in Erinnerung haben, in dem sie sich getäuscht fühlten oder getäuscht wurden. Die bekannte Redewendung „Wer einmal lügt, dem glaubt man nicht, und wenn er auch die Wahrheit spricht" bringt das in der für Sprichworte charakteristischen Weise auf den Punkt.

Zwei Märkte in Zahlen

Im Folgenden will ich eine andere Perspektive wählen und etwas genauer auf die Konstruktion zweier sehr populärer Kennzahlen eingehen. Zu den meist benutzten sozialen Indikatoren zählen in den Medien und der Politik Zahlen über Arbeitslosigkeit und Scheidungen. Auf das Erste haben diese beiden Phänomene nicht viel miteinander zu tun. Wegen ihrer häufigen Verwendung macht es aber vielleicht doch Sinn zu untersuchen, wie sie konstruiert sind und ob sie vergleichbar sind, weil sie ähnliches zählen oder ähnlich berechnet werden. Dazu ist es allerdings vorweg nötig zu beweisen, dass die beiden Phänomene etwas miteinander zu tun haben. Ein Vergleich, der auf Ähnlichkeitszumutung gegenüber Phänomenen beruht, die miteinander gar nichts gemein haben, wäre nicht besonders sinnvoll. Tatsächlich meine ich, dass man zeigen kann, dass Arbeiten und Lieben nicht so verschieden sind, wie es zuerst scheinen mag. Bei Sigmund Freud kann man lesen, dass „lieben und arbeiten Techniken der Lebensführung (sind), die eine größere Anzahl von Menschen aneinander zu binden" vermögen (Freud 1978, Bd. 2: 379 u. 394). Nun ist der Umstand, dass jemand Berühmter etwas Ähnliches wie man selbst sagt, noch kein Beweis. Doch Freud macht darauf aufmerksam, worin die Ähnlichkeit wurzeln könnte: in der Bindung von Menschen aneinander. Die „größere Anzahl", von der Freud schreibt, meint ja offenbar nicht, dass viele aneinander gebunden sind, sondern dass bei vielen eine gleiche oder ähnliche Bindung zu beobachten sei. In der Tat ist in entwickelten Gesellschaften der Anteil jener, die aktuell an einen Arbeitsplatz oder Intimpartner gebunden sind, enorm groß: 43,9 Prozent der österreichischen Bevölkerung aller Altersstufen waren laut Volkszählung 2001 verheiratet und 75 Prozent der 15- bis 64-Jährigen sind im Jahr 2008 Erwerbspersonen.

Wenn also Lieben und Arbeiten den „Zement der Gesellschaft" (Elster 1989) bilden, mag die Frage nicht mehr ganz so merkwürdig klingen, ob diese Bindungen Gemeinsamkeiten aufweisen, die es sinnvoll erscheinen lassen zu untersuchen, ob die Zählungen, die sich auf diese beiden Phänomene beziehen, vergleichbar sind. Weil aus Platzgründen hier nicht weiter verfolgt werden kann, ob Freud recht hatte, werde ich mich nur der Frage widmen, ob die Zählverfahren ähnlich sind, ähnlich sein sollten oder gar gleich sind? Weiterhin kann man untersuchen, ob wir, falls die Zählroutinen unterschiedlich sind, etwas aus einem systematischen Vergleich lernen können. Eingangs wurde darauf aufmerksam gemacht, dass Arbeitslosigkeits- und Scheidungsraten zu den gängigsten Kennzahlen über das Wohlbefinden unserer Gesellschaft zählen. Allein aus diesem Grund werde ich mich im Folgenden mit der Zählung der Auflösung von Liebes- und Arbeitsbindungen, also mit Arbeitslosigkeit und Scheidung, beschäftigen.

Beides, lieben und arbeiten, erfolgt auf Märkten, auf denen Partner gesucht und Verträge eingegangen werden. Betrachten wir die beiden Märkte hinsichtlich der relevanten Merkmale der Reihe nach (siehe Tabelle 2). Von Märkten zu sprechen ist hier insofern sinnvoll, als in beiden Fällen Verträge neu geschlossen oder bestehende gelöst werden können. Der Ehemarkt weist die Besonderheit auf, dass auf diesem jeweils zwei Personen übereinkommen müssen, einen Vertrag einzugehen oder einen aufrechten Vertrag aufzulösen, während am Arbeitsmarkt „monogame" Beziehungen, wo also ein Arbeitgeber nur einen Arbeitnehmer an sich bindet (oder entlässt), die seltene Ausnahme darstellen. Aus diesem Grund ist es sinnvoll, Ehen (also jeweils zwei Personen) mit Beschäftigten zu vergleichen (sich bei Letzteren also auf einen Partner des Arbeitsvertrags zu beschränken). Der Arbeitsmarkt ist nun seinerseits dadurch gekennzeichnet, dass er sich aus einem marktorientierten und einem geschützten Sektor zusammensetzt. Letzterer wird von jenen Beschäftigten bevölkert, denen kraft Gesetz oder Konvention, eine Auflösung ihres Arbeitsvertrages praktisch nicht droht. Die Größe des geschützten Sektors ist nicht genau bekannt, kann aber näherungsweise geschätzt werden. Aus verschiedenen Umfragen weiß man, dass rund die Hälfte der Beschäftigten noch nie arbeitslos war. Daher ist es sinnvoll, hier nur jenen Teilmarkt zu betrachten, auf dem Kündigungen tatsächlich stattfinden können. Am Ehemarkt fehlt Analoges: Es ist heute niemand davon ausgeschlossen, eine Ehe einzugehen, und niemand davor gefeit, dass der Partner an der Fortsetzung der Ehe das Interesse verliert. Das war bekanntlich nicht immer so: Sowohl Ehebeschränkungen wie die Unauflöslichkeit einer einmal eingegangenen Ehe gab es bis vor Kurzem.

Zufälligerweise resultiert aus diesen Definitionen eine annähernd gleiche Größe der beiden im Folgenden näher zu untersuchenden Märkte. Die Zahl der jährlich geschlossenen neuen Verträge ist im Fall des Ehemarktes durch die Buchführung der Standesämter gut dokumentiert. (Die Lebensgemeinschaften bleiben hier unberücksichtigt, weil über die Zahl der jährlich neu geschlossenen „Verträge" in diesem Teilmarkt keine Aufzeichnungen geführt werden und weil das Eingehen einer Lebensgemeinschaft zumeist weder exakt terminisiert werden kann noch immer eindeutig dem Modell des Vertragsabschlusses entspricht.) Über die Zahl der neu geschlossenen Verträge am Arbeitsmarkt führen verschiedene Stellen Aufzeichnungen, doch fehlen interessanterweise Veröffentlichungen der entsprechenden Zahlen. Wir können die Zahl der neu geschlossenen Arbeitsverträge auf folgendem Weg für den vorliegenden Zusammenhang schätzen: Laut AMS gab es im Jahr 2008 rund 916.400 Abgänge aus Arbeitslosigkeit und nach derselben Quelle nahm mehr als die Hälfte der Personen (53 Prozent) anschließend ein Beschäftigungsverhältnis auf (vgl. Putz und Zajic 2009). Über Vertragsauflösungen (also die Gesamtzahl der jährlichen Scheidungen) liefern die Standesämter sehr genaue Informationen, während die Zahl der von der Auflösung von Arbeitsverträgen Betroffenen wiederum näherungsweise durch die Zahl derjenigen geschätzt werden kann, die im Verlaufe eines Kalenderjahres wenigstens für einen Tag beim AMS als arbeitslos gemeldet waren. Bei der Feststellung des Jahresdurchschnitts jener, die geschieden oder arbeitslos waren, liefert hingegen die Arbeitsmarktstatistik genauere Angaben als die Personenstandsstatistik. Gemäß der hier benutzten Logik sollte man allerdings die Zahl der rund 500.000 Personen, die laut Volkszählung im Jahr 2001 den Status geschieden aufwiesen, halbieren, weil es ja um den Vergleich von Verträgen geht und jeder „Abgang" aus der Population der Geschiedenen immer zwei Personen betrifft. Von Details können wir aber ruhig absehen, um die zentralen Befunde des Vergleichs schärfer ins Auge fassen zu können.

Tabelle 2: Personen auf zwei Märkten

	Ehemarkt	Arbeitsmarkt
Ehen – Beschäftigte	2,326.000	2,200.000
Neue Verträge p.a.	40.000	486.000
Kündigungen p.a.	19.700	776.000
Geschiedene – Arbeitslose	518.000	162.000

Erläuterungen: Ehen: Zahl der verheirateten Personen in Österreich 2008
  Beschäftigte: geschätzte Zahl der Beschäftigten im marktorientierten Sektor, d.h. mit Entlassungsrisiko
  Neue Verträge: Eheschließungen 2008 bzw. neue Arbeitsverträge 2008 (kumulativ)
  Kündigungen: Scheidungen und Entlassungen (kumulativ)
  Geschiedene: Zahl der Personen mit dem Merkmal „geschieden" (VZ 2001)
  Arbeitslose: Jahresdurchschnitt 2008
Quelle: Statistik Austria, www.statistik.at

Unser Wissen über die beiden hier in Analogie betrachteten Formen von Bindungen, die Menschen eingehen, beruht auf den Aufzeichnungen, die jene Ämter nebenbei führen, die mit der Verwaltung der in Sachen Liebe und Arbeit Verträge Schließenden befasst sind. Am Ehemarkt sind das die Standesämter, während sich am Arbeitsmarkt mehrere Agenturen tummeln. In beiden Märkten werden Privatverträge geschlossen, doch die Verträge zwischen Eheleuten werden von der öffentlichen Verwaltung akribisch dokumentiert, während es für die Arbeitsverträge kein vergleichbares Register gibt, das von einer öffentlichen Stelle geführt wird. Die Kontrolle der Korrektheit der geschlossenen Arbeitsverträge, deren Dokumentation und damit die potenziell leichte Zählung obliegt nicht einer Stelle, sondern verteilt sich auf verschiedene Stellen. Es ist wohl keine Übertreibung, wenn man feststellt, dass die Kontrolle des Ehemarktes der „Obrigkeit" wichtiger erscheint als jene des Arbeitsmarktes.

Aufzeichnungen über den Arbeitsmarkt führen die Sozialversicherungen, die ihre Buchführung gegenüber der interessierten Öffentlichkeit weit mehr verbergen als die Standesämter. Auch die Vertragsauflösungen fallen bei der Sozialversicherung als Routinedokumentation an, doch über beides berichten sie in ihren Veröffentlichungen nicht. Weder findet man Daten über die Gesamtzahl der in einem Jahr neu geschlossenen Arbeitsverträge noch solche über die Zahl der Vertragsauflösungen (vgl. Hauptverband 2009). Nur jene, die Ansprüche an die Arbeitslosenversicherung haben oder sich von der Arbeitsmarktverwaltung eine Hilfe bei der Suche nach einem neuen Arbeitsverhältnis erhoffen, melden sich dort und werden dann auch gezählt: als Zu- beziehungsweise Abgänge in Arbeitslosigkeit. Während die Bestandsgröße der Arbeitslosen pro Kalenderjahr vom AMS errechnet und veröffentlicht wird, wird die Bestandsgröße der ohne Ehevertrag da Stehenden nur im Zehnjahresrhythmus der Volkszählungen exakt erhoben.

Die Zahlen in Tabelle 2 legen eine weitere Vermutung nahe: Unterstellt man, dass die absolute Größe bestimmter sozialer Praktiken der Aufmerksamkeit, die dieses Feld in der Öffentlichkeit auf sich zu ziehen vermag, direkt proportional ist, müsste man folgern, dass das größte Problem auf dem Ehemarkt die große Zahl der aktuell jeweils ohne Ehevertrag da Stehenden ist, während am Arbeitsmarkt die Bestandsgröße der in einem Jahr von Arbeitslosigkeit Betroffenen gegenüber den Zu- und Abgängen in den Hintergrund tritt.

Tatsächlich konzentriert sich die öffentliche Aufmerksamkeit, die dem Ehe- und dem Arbeitsmarkt gewidmet wird, aber auf andere Größen. Am Ehemarkt findet die Zahl der Scheidungen allergrößte Beachtung, während die analoge Zahl der Auflösung von Arbeitsverträgen kaum wahrgenommen wird, wohl aber die Bestandsgröße der im Jahresdurchschnitt von Arbeitslosigkeit Betroffenen.

Ein Gedankenexperiment kann diese unterschiedliche Akzentsetzung noch deutlicher hervortreten lassen: Ein Arbeitsmarkt, auf dem jeder Beschäftigte jedes Jahr einen Vertrag auflöst, aber unmittelbar darauf einen neuen eingeht, würde weniger Verwunderung auslösen als dasselbe Phänomen am Ehemarkt. Im Fall der Arbeitswelt würden die Kommentatoren von einem dynamischen Arbeitsmarkt sprechen und solange kein sozialpolitisches Problem darin sehen, solange die friktionelle Arbeitslosigkeit im Einzelfall nur kurz dauert. Ein sehr dynamischer Ehemarkt, auf dem alljährlich alle Paarungswilligen neue Partner erfolgreich finden und neue Ehen eingehen, würde hingegen mit ziemlicher Sicherheit nicht nur die notorischen Kulturpessimisten zu Wortmeldungen veranlassen. Wenn heute Absolventen des Ausbildungssystems von Wohlmeinenden ins Stammbuch geschrieben wird, dass sie damit rechnen müssen, im Laufe ihres Erwerbslebens wenigstens drei Mal den Beruf und wenigstens zehn Mal den Job wechseln zu müssen, zucken wir kurz zusammen, halten das dann aber für eine durchaus plausible Prognose zukünftiger Dynamik am Arbeitsmarkt. Was wäre, wenn Adoleszenten verkündet würde, sie müssten schon damit rechnen, dass sie im Laufe ihres Erwachsenenlebens wenigstens drei Mal die sexuelle Orientierung und wenigstens zehn Mal den Lebenspartner wechseln? Eine derartige Prognose würde mit Sicherheit weniger entspannt zur Kenntnis genommen werden.

Bagatellisieren und dramatisieren

Die Asymmetrie der Wahrnehmung der beiden hier miteinander verglichenen Märkte beruht zu einem gewichtigen Teil darauf, dass wir gewohnt sind, über diese beiden Phänomene vor allem vermittels zweier Kennzahlen zu sprechen und zu urteilen: Die Arbeitslosen- und die Scheidungsrate. „Jede zweite Ehe endet in Scheidung" – so oder ähnlich lesen wir es in Zeitungen. „Die Arbeitslosenrate liegt in Österreich bei im internationalen Vergleich günstigen 4 Prozent" lautet hingegen die weitaus weniger dramatisch klingende Kundmachung über den Arbeitsmarkt, die wir im Monatsabstand lesen können.

Wenn es nun stimmt, dass neben der Begleitmusik auch die bloßen Relativzahlen, mit denen über Scheidung und Arbeitslosigkeit gesprochen wird, Stimmung machen, dann ist es sinnvoll, die zugrunde liegenden Berechnungen etwas genauer zu betrachten. Wie werden Scheidungs- und Arbeitslosenraten berechnet?

Für beide Fälle gilt, dass in den damit befassten Wissenschaften verfeinerte Berechnungsmethoden und -praktiken verfügbar sind. Im Fall des Arbeitsmarktes akzeptieren Sozialwissenschaftler aller Disziplinen und das breitere Publikum die Routinen der Kalkulation durch die Arbeitsmarktverwaltung. Die Arbeitslosenrate ist demnach der Anteil der Personen ohne Arbeit, die Arbeit suchen und eine Arbeit sofort aufnehmen können, an der Gesamtzahl der Erwerbstätigen plus der Arbeitslosen (siehe Grafik 1).

Grafik 1.1: Arbeitslosenrate ("internationale Berechnungsmethode")

$$\frac{AL}{EB\ (ET+AL)}$$

Erläuterung: AL: „Arbeitslose sind Personen im Alter von 15 bis 74 Jahren, die [1] ohne Arbeit sind, [2] innerhalb der beiden nächsten Wochen eine Arbeit aufnehmen können und [3] während der vier vorhergehenden Wochen aktiv eine Arbeit gesucht haben" (ILO 1982).
EB: Erwerbsbevölkerung: Σ der Erwerbstätigen (ET) + der Arbeitslosen (AL).
Wird durch Umfragen erhoben.

Grafik 1.2: Registerarbeitslosenrate ("nationale Berechnungsmethode")

$$\frac{AL}{AKP\ (ubP+AL)}$$

Erläuterung: AL: Bestand arbeitsloser Personen, die beim AMS als arbeitslos registriert sind.
AKP: Arbeitskräftepotenzial: Summe aus Arbeitslosenbestand (AL) und unselbstständig beschäftigten Personen (ubP) laut Hauptverband der Sozialversicherungsträger. Ergibt sich aus der Zahl der beim AMS und dem Hauptverband registrierten Personen.

Im Detail wird viel Aufwand getrieben, um die resultierende Zahl zu manipulieren, doch die grundlegende Rechenoperation wird von niemandem in Zweifel gezogen. Experten bezweifeln zwar die Aussagekraft dieser Kennzahl, doch dieser Berechnungsmodus hat sich mittlerweile zur sozialen Tatsache verfestigt (siehe für weitere Beispiele Zilian/ Fleck 1990: 44ff.). Dass diese Selbstverständlichkeit nicht in der Sache begründet ist, sieht man, wenn man in die Vergangenheit blickt. Noch während der Weltwirtschaftskrise der 1930er Jahre fehlte die Arbeitslosen*rate* als allgemein akzeptierte Kennzahl. Damals wurde mit der absoluten Zahl Arbeitsloser argumentiert, wie ein Blick in eine beliebige historische Quelle beweist.

Einschlägig Tätige (Wissenschaftler und andere Experten) bezweifeln die sachliche Richtigkeit der Arbeitslosenrate unter Hinweis auf die Manipulationen, die an den einzelnen Elementen, die in die Berechnung eingehen, regelmäßig vorgenommen werden. Das Verschieben von tatsächlich Arbeitslosen in Schulungsmaßnahmen entzieht diesen Personen den Status Arbeitslose; die Konvention, nur jene als arbeitslos zu berücksichtigen, die nicht zur Gruppe der stillen Arbeitsmarktreserve, der so genannten „discouraged labour force" gehören und der Umstand, dass unfreiwillige Unterbeschäftigung, von der man sprechen kann, wenn jemand weniger Stunden arbeitet als er eigentlich möchte, bei der Zählung der arbeitslosen Personen nicht berücksichtigt wird, sind die bekanntesten kosmetischen Prozeduren, die die offiziell registrierte Arbeitslosenzahl reduzieren und das Ansehen der Arbeitslosenstatistik verringert. Dazu kommt, dass zwei verschiedene Berechnungsmodi – die internationale und die nationale Berechnungsmethode – in Gebrauch sind.

Bei der Berechnung von Scheidungsraten bemerken wir ein Auseinanderdriften zwischen den in den Wissenschaften benutzten ausgeklügelten Kalkulationen und der in der breiteren Öffentlichkeit benutzten recht simplen Berechnungsmethode. Während die Demografie neben der „rohen Scheidungsrate", die den Anteil der Scheidungen an der Gesamtbevölkerung berechnet, auch noch verschiedene verfeinerte Raten kennt (im Nenner stehen dann beispielsweise nur die Verheirateten, oder nur die verheirateten Frauen, die 15 Jahre oder älter sind, oder es werden Kohorten von verheirateten Paaren verfolgt und Lebensgemeinschaften mit einbezogen), begnügt sich die mediale Öffentlichkeit mit dem Vergleich der pro Jahr eingegangenen mit den im selben Zeitraum aufgelösten Ehen. Wenn in den Medien über die Zunahme der Scheidungsrate berichtet wird, weiß man zumeist nicht, von welcher Rate die Rede ist.

Für den Vergleich des Ehe- mit dem Arbeitsmarkt mag es genügen, vier Berechnungsweisen gegenüberzustellen.

- Als Rate 1 soll die Zahl der jährlich neu geschlossenen Verträge der Zahl der jährlich aufgelösten Verträge gegenübergestellt werden. Diese Rate entspricht der in der breiteren Öffentlichkeit benutzten Scheidungsrate.

- Als Rate 2 soll die Zahl der jährlich aufgelösten Verträge mit der Gesamtheit jener in Beziehung gesetzt werden, die sich in einem aufrechten Vertragsverhältnis gleichen Typs befinden. Diese Rate entspricht einer der in der Demografie gebräuchlichen verfeinerten Scheidungsraten.
- Als Rate 3 soll die Zahl der jährlich aufgelösten Verträge auf die Erwerbsbevölkerung (die Summe der Beschäftigten und Arbeitslosen) bezogen werden, wie das in der Konvention der Berechnung der Arbeitslosenrate üblich ist. Im Fall des Ehemarktes fehlen Daten über die Größe des Bevölkerungsanteils, der in Analogie zur „Erwerbsbevölkerung" der „ehewilligen Bevölkerung" entsprechen würde; daher vergleichen wir hier mit den „Ehefähigen" (Bevölkerung älter als 16 Jahre).
- Rate 4 berechnen wir gleich wie Rate 3, allerdings reduzieren wir den Nenner im Fall des Ehemarktes auf jene, die wir hier als „ehewillig" bezeichnen wollen, weil wir nicht die gesamte ehefähige der erwerbsfähigen Bevölkerung gegenüberstellen wollen, sondern die Konvention des Arbeitsmarktes (jene nicht zu berücksichtigen, die nicht arbeiten und aktuell keine Arbeit aufnehmen wollen) gedankenexperimentell auf den Ehemarkt anwenden. Da wir keine Daten darüber haben, wie viele an einer Ehe überhaupt interessiert sind, nehmen wir für den vorliegenden Vergleich bei einer konventionellen Setzung Zuflucht und definieren den Anteil der „Ehewilligen" in strikter numerischer Analogie zur „Erwerbstätigenquote" (also dem Anteil der 15- bis unter 65-jährigen Bevölkerung, die einer Arbeit nachgeht oder arbeitslos ist, die 2008 71 Prozent betrug) als jene 71 Prozent der über 15-Jährigen.

Die daraus resultierenden Scheidungs- beziehungsweise Arbeitslosenraten bietet Tabelle 3.

Die sieben Raten präsentieren die beiden Märkte jeweils in einer ganz anderen Tönung. Unterstellen wir hier wiederum, dass größere Zahlen auf gewichtigere Probleme verweisen würden, wäre unter Verwendung der Rate 1 der Arbeitsmarkt weitaus „dynamischer" als der Ehemarkt. Rate 2 würde uns erlauben davon zu sprechen, dass am Arbeitsmarkt jährlich jeder dritte Vertrag aufgelöst wird, während es am Ehemarkt zu nahezu keinen Veränderungen kommt – die meisten Menschen sind in fixen Händen, wechseln aber ihre Arbeitsplätze. Schließlich bieten die Raten 3 und 4 die Anteile der Vertragslosen im Jahresdurchschnitt: Demnach erscheint der Ehemarkt ein wenig bewegter als der Arbeitsmarkt, allerdings nur unter der unrealistischen Zusatzannahme, dass jene, die im Verlauf eines Kalenderjahres einen Ehevertrag aufgelöst haben, im restlichen Jahr bindungslos bleiben.

Die Absicht dieser Fingerübung in Bruchrechnen ist nun aber, die Leserinnen und Leser darauf aufmerksam zu machen, dass die uns vertrauten Kennzahlen über das

Tabelle 3: Unterschiedliche Raten

Raten	Berechnungsmodus	Ehemarkt	Arbeitsmarkt
1	$\dfrac{K}{nV}$ bzw. $\dfrac{S}{nV}$	49,25%	159,7%
2	$\dfrac{K}{\Sigma V}$ bzw. $\dfrac{S}{\Sigma V}$	0,9%	35,3%
3	$\dfrac{K}{EB}$ bzw. $\dfrac{S}{hB}$	7,3%	6,9%
4	$\dfrac{K}{EB}$ bzw. $\dfrac{S}{eB}$	10,3%	

Erläuterungen:
K: Σ der Kündigungen pro Jahr
S: Σ der Scheidungen pro Jahr
nV: Σ der jährlich neu geschlossenen Verträge
EB: Erwerbsbevölkerung
hB: heiratsfähige Bevölkerung
eB: ehewillige Bevölkerung

Wohlbefinden unserer Gesellschaft nicht die einzig möglichen und rechtfertigbaren sind. Für jede der sieben Berechnungen lassen sich Gründe anführen und Einwände dagegen formulieren. Mit jeder der sieben Raten lässt sich der zur Diskussion stehende Teil unserer Gesellschaft dramatisieren oder bagatellisieren. Betrachtet man die Welt der Arbeitsverträge mit den Routinen des Ehemarktes erscheint einem dieses Feld weitaus bedrohlicher als es uns entgegentritt, wenn wir es mit den eingebürgerten Sichtweisen der Arbeitsmarktverwaltung betrachten. Umgekehrt hätten wir – wenn wir die Welt der Ehe mit den Augen der Verwalter des Arbeitsmarktes betrachten – wenig Anlass uns über die Brüchigkeit von Intimbindungen sorgenvoll zu äußern, jedenfalls nicht mit größerer Sorge als jener, die dem Arbeitsmarkt entgegen gebracht wird.

Schluss

Das Vertrauen, das wir statistischen und anderen Zahlen entgegenbringen, setzt sich aus verschiedenen Teilen zusammen. Wir scheinen den Überbringern von zahlenförmigen Botschaften von vorneherein weniger zu trauen als Flugzeugpiloten oder Krankenschwestern. Wir sollten aus guten Gründen jenen Zahlen, die als Nebenprodukt zustande kommen, weil das Handeln von Beamten und anderen mit administrativen Aufgaben Beauftragten auf andere Aktivitäten gerichtet ist, jedenfalls nur soweit trauen, wie wir uns mit den alltäglichen Routinen der sie faktisch erstellenden Akteure vertraut gemacht haben und diese durchschauen. Und schließlich sollten wir uns – ehe wir irgendwelchen sozialen Indikatoren Glauben schenken, die uns über das Wohlbefinden unserer Gesellschaft aufklären wollen – genau ansehen, was in ihnen wie definiert wurde und welche Bezugsgrößen aus welchen Gründen miteinander in Beziehung gesetzt wurden. Dabei können wir dann auch feststellen, dass Statistiken nicht im banalen Sinn gefälscht werden müssen, um einen gewünschten Effekt zu erzielen; viel wirksamer scheinen jene Statistiken zu sein, die sich eingebürgert haben und in der Öffentlichkeit akzeptiert werden.

Literaturverzeichnis

Balmer, Rudolf; 2010: „Frankreichs Bevölkerung wächst". Neue Zürcher Zeitung vom 9. Januar 2010. S. 5.
Elster, Jon; 1989: The Cement of Society. A Study of Social Order. Cambridge.
Freud, Sigmund; 1978: Das Unbehagen in der Kultur. In: Ders.: Werkausgabe in zwei Bänden, Frankfurt/M.
Zilian, H. G.; 1990: „Beamtenpraxis und Arbeitslosenstatistik". In: Rainer Buchegger/ Kurt W. Rothschild/ Gunther Tichy (Hg.): Arbeitslosigkeit. Berlin. S. 25-44.
Zilian, H. G./ Fleck, Christian; 1990: Die verborgenen Kosten der Arbeitslosigkeit. Frankfurt/M.

Internetquellen

Hauptverband der österreichischen Sozialversicherungsträger; 2009: Statistisches Handbuch der österreichischen Sozialversicherung. Wien. In: http://www.sozialversicherung.at/mediaDB/607415_Statistisches_Handbuch_der_oesterreichischen_Sozialversicherung-2009.pdf [18.01.2010].
International Labour Organization; 1982: Resolution concerning statistics of the economically active population, employment, unemployment and underemployment, adopted by the Thirteenth International Conference of Labour Statisticians. In: http://www.ilo.org/global/What_we_do/Statistics/standards/resolutions/lang--en/docName--WCMS_087481/index.htm [18.01.2010].
Putz, Sabine/ Zajic, Barbara; 2009: „Die Arbeitsmarktlage 2008". AMS Info 138. In: http://www.forschungsnetzwerk.at/downloadpub/AMSinfo138.pdf [18.01.2010].
Reader's Digest Trusted Brands; 2009: http://www.rdtrustedbrands.com/trusted-brands/results/tables/Confidence%2520in%2520Professions.country.Austria.shtml [18.01.2010].

Ulrich Fuchs / Silvia Keller

Linz09 und der KEPLER SALON – Rückblick und Ausblick

Vorgeschichte

Die Verleihung des Titels „Kulturhauptstadt Europas" geht zurück auf eine Initiative der griechischen und französischen KulturministerInnen Melina Mercouri und Jacques Lang Anfang der 1980er Jahre. Der Titel sollte einen Beitrag zur europäischen Integration leisten, indem der Reichtum und die kulturelle Vielfalt in Europa sowie die Gemeinsamkeiten der europäischen Kulturen in den Vordergrund gerückt würden.

Seit ihrer erstmaligen Ausrichtung im Jahr 1985 in Athen hat die jährliche Benennung einer Kulturhauptstadt Europas an Bedeutung gewonnen.

Insbesondere die Konzeption und Durchführung des Kulturhauptstadtjahres 1990 in Glasgow beziehungsweise die Auswahl einer Stadt, die weniger mit ausgeprägten kulturellen Traditionen aufwartete, als vielmehr für die vielfältigen Probleme industriellen Niedergangs im Zeichen eines schwierigen Strukturwandels stand, trugen dazu bei, dass fortan stadtentwicklungspolitische Maßnahmen verstärkt ins Blickfeld rückten.

Bereits Anfang der 1990er Jahre gab es in Linz ein Interesse seitens der Stadt, sich für den Titel Kulturhauptstadt Europas zu bewerben. In dieser Zeit nahm Kultur einen ganz besonderen Stellenwert in der Ausrichtung und Profilierung der Stadt ein. „Von der Industriestadt zur Kulturstadt" war das Leitmotiv dieser Zeit. Im Jahr 2000 wurde der Linzer Kulturentwicklungsplan, der in einem mehrjährigen partizipativen Prozess von entscheidenden KulturakteurInnen erstellt wurde, im Gemeinderat der Stadt verabschiedet.

Eines der konkreten Ziele dieses Kulturentwicklungsplans war es, den Titel Kulturhauptstadt Europas verliehen zu bekommen. Wenige Zeit später begann eine ExpertInnengruppe, die Bewerbung für Linz vorzubereiten. Im September 2005 wurde der Titel dann offiziell von der Europäischen Union der Stadt Linz verliehen.

Die Etablierung einer künstlerischen Intendanz von außen ermöglichte sowohl eine neue Sichtweise auf die Stadt als auch eine unvoreingenommene Einschätzung des kulturellen Potenzials. Das Jahr 2006 widmete die Intendanz dem Beobachten, dem Studium und dem Kennenlernen der Stadt. Diese tiefgehende Analysephase mündete schließlich in einem *Mission Statement* für das Kulturhauptstadt-Projekt.

Mission Statement Linz09

Erstens: Die Stadt Linz und die Region stehen stellvertretend für Österreich im europäischen Rampenlicht und gemeinsam mit Essen, Kulturhauptstadt 2010, auch für den deutschsprachigen Kulturraum. Das heißt, dass die Programmgestaltung in doppelter Hinsicht eine europäische Dimension in Rechnung zu stellen hat: Die Stadt muss sich für internationale Künstlerinnen und Künstler ebenso öffnen wie für europäische BesucherInnen, die überdies nach 2009 hoffentlich wiederkommen werden. Nur dies stellt den europäischen Mehrwert des Kulturhauptstadtjahres sicher. Zugleich stehen die Ansprüche einer ökologisch orientierten Lebensqualität im Zentrum. Für Linz ist deshalb der Zusammenhang zwischen Industrie, Kultur und Natur von besonderem Interesse.

Zweitens: Für die Linzer und oberösterreichische Kunst- und Kulturszene bietet 2009 eine besondere Herausforderung. Über den kulturellen Alltag hinaus ist deutlich höhere Qualität verlangt. In der Begegnung und Reibung mit Gästen und KünstlerInnen von außen muss die Programmgestaltung deshalb Gelegenheit geben, der Linzer Kultur zwischen Bodenhaftung und Höhenflug neue Möglichkeiten zu eröffnen.

Drittens: Das Programm soll Dimensionen, Fragestellungen und Themen der europäischen Kulturentwicklung aufgreifen, die den Linzer Horizont bereichern. Projekte an der Schnittstelle von Kunst und Kultur zu Wissenschaft, Geschichte, Wirtschaft, Bildung, Stadtentwicklung, Ökologie, Religion, Sozialem, Migration und Sport erheben Anspruch auf neue Wirkungsfelder.

Viertens: Zu berücksichtigen sind die Besonderheiten von Linz und seiner Region im Sinne eines Alleinstellungsmerkmals der Stadt. Denn: Linz entwickelt sich zu einem besonderen Modell der modernen europäischen Stadt. Hier werden Kultur und Wissenschaft nicht wie andernorts auf den Trümmern einer niedergegangenen Industrie zur Identitätsstiftung bemüht. Das neue Linz ist eine in der Mitte Europas gelegene, technologie- und wissensbasierte Industriestadt, die Kultur und Kulturwirtschaft gleichermaßen ernst nimmt.

Fünftens: Thematisch ist das Kulturhauptstadtprogramm so offen als möglich zu halten. Architektur, Arbeit, Industrie, Donau, Hafen, öffentlicher Raum, Stadtgeschichte, Wissenschaft, Bildende Kunst, Medien, Musik, Darstellende Kunst, Literatur, Film, Bildung, Schule, Religionen, Kinderkultur, Jugendkultur, soziale Randgruppen, Migration, Volkskultur, Tradition, Sport, Tourismus und Gastronomie heißen die Stichworte zur Klassifizierung.

Sechstens: Ein Programm muss entstehen können, Schritt für Schritt, in einem nach allen Seiten hin offenen Prozess. Aufgrund klarer Vorgaben, gewiss, aber mit großer Bewegungsfreiheit – Schablonen haben da nichts zu suchen. Entsprechend deklariert Linz 2009 seine Spielregeln: Vorschläge und Konzepte können jederzeit eingereicht werden, es gibt weder Fristen noch Formulare, es gibt keine Quoten und keinen politischen Einfluss. Solange geniale Ideen zeitlich noch realisierbar sind, verdienen sie Zuwendung und Prüfung. Kulturhauptstadt will und braucht den Wettbewerb – aber nicht um jeden Preis.

Siebtens: Die Stadt Linz und das Land Oberösterreich haben sich in den vergangenen Jahren intensiv mit der Zeit des Nationalsozialismus auseinandergesetzt, Aufarbeitung betrieben und Verantwortung übernommen. Angesichts der Bedeutung jener Epoche sowie der besonderen Rolle, die Linz darin zukam, wird die NS-Zeit ein programmatischer Schwerpunkt des Kulturhauptstadtjahres sein – in zahlreichen, unterschiedlichen künstlerischen Sparten betreffend die Angebote.

Entwicklung des Programms

In der Rückschau kann festgestellt werden, dass sich zwischen dieser noch „tastenden" Formulierung von Prinzipien Anfang 2006 und der endgültigen Programmdefinition Ende 2008 ein hohes Maß an Übereinstimmung findet. Im Verlauf der Entwicklungsarbeit mit den Linzer und oberösterreichischen Kultureinrichtungen, den Künstlerinnen und Künstlern vor Ort und den ProjektentwicklerInnen im Team von Linz09 verstärkte sich die Überzeugung, dass sich das Programm des Linzer Kulturhauptstadtjahres wesentlich auf Zeitgenössisches konzentrieren müsse, um die Qualitäten der Stadt im Hinblick auf die klassischen Zentren Salzburg und Wien hervorheben und positionieren zu können.

Vor allem die dritte Überlegung des Mission Statements macht deutlich, dass das Programm von Linz09 das Ziel hatte, weit über die üblichen Festivalprogramme hinauszugehen und für die städtische Entwicklung neue Wege einzuschlagen. Zu den Linzer Gegebenheiten zählt, dass die Stadt zwar über fünf Hochschulen verfügt, der Universitätsbetrieb im Zentrum der Stadt allerdings wenig spürbar ist. Auf der Suche nach einer programmatischen Schnittstelle zwischen dem selbst gestellten Auftrag von Linz09 und dem Linzer Wissenschaftsbetrieb spielte im Weiteren der Zufall eine entscheidende Rolle.

In unmittelbarer Nähe zum Hauptplatz, Rathausgasse 5, steht das Wohnhaus Johannes Keplers, der einige Jahre in Linz lebte. Zum Zeitpunkt des Beginns der Vorbereitungen für Linz09 war dieses im Privatbesitz befindliche Haus in einem erbarmungswürdigen Bauzustand. Durch die glückliche Fügung eines Eigentümerwechsels und den damit verknüpften Sanierungsplänen entstand die Idee, im ersten Stock des Kepler-Hauses einen der Wissensvermittlung gewidmeten KEPLER SALON einzurichten. Dieser sollte programmatisch das Kulturhauptstadtjahr mit den Linzer Hochschulen verknüpfen.

Konzeption und Realisierung des KEPLER SALON

Der Astronom und Mathematiker Johannes Kepler, der in den Jahren 1612 bis 1627 in Linz lebte, wurde zum Namensgeber und Patron des KEPLER SALON. Er gehört mit Galilei und Newton zu den wichtigsten Begründern und Vertretern der Naturwissenschaften. Obwohl in Linz eine Universität seinen Namen trägt, spielt Kepler, im Unterschied zu Anton Bruckner und Adalbert Stifter, die in der Stadtgeschichte fest verankert sind, keine herausragende Rolle. Insofern stellte die Etablierung des KEPLER SALON auch einen innovativen Schritt dar.

Die Renovierung und Ausstattung des ersten Obergeschosses im Kepler-Haus wurde von der Linz 2009 GmbH übernommen, welche die 175 Quadratmeter umfassenden Räumlichkeiten für das Kulturhauptstadtjahr anmietete. Es sollte ein Raum entstehen, der den freien Ideenaustausch zwischen den TeilnehmerInnen ermöglicht. In Anlehnung an die Tradition der literarischen Salons des 18. Jahrhunderts und die Bildungsvereine des 19. Jahrhunderts sollte er dialogisch orientiert sein. Nichts sollte an Schul- oder Lehrsituationen erinnern, hierarchische Strukturen zwischen Wissenden und Nicht-Wissenden sollten durch die Begegnung auf gleicher Augenhöhe vermieden werden.

Im Augenmerk der Innenarchitektur stand die Frage, wie ein Salon des 21. Jahrhunderts auszusehen hat. Neben dem historischen Ambiente war es die Anordnung der bequemen Sitzgelegenheiten, die das dialogische Prinzip positiv beeinflusste. So manchen Vortragenden hat das Wissen über die Geschichte des Hauses und des ehemaligen Bewohners in eine ungewohnt offene Stimmung versetzt, die zu lockeren Diskussionen und interessanten Auseinandersetzungen mit dem Publikum führten. Zudem trug auch die Möglichkeit, während der Veranstaltung Getränke zu konsumieren beziehungsweise das Geschehen von der Bar aus akustisch mitzuverfolgen, zur ungezwungenen Atmosphäre bei.

Primäres Ziel des KEPLER SALON war es, das Verständnis für Wissenschaft im weitesten Sinn in der Öffentlichkeit und im Dialog mit der Bevölkerung zu fördern. Er sollte eine Schaltstelle und ein Schaufenster für die Linzer Universitäten und Hochschulen sein, aber auch für andere nationale und internationale Einrichtungen und Institute. Die Veranstaltungen im KEPLER SALON waren dem Prinzip eines „public understanding of knowledge" verpflichtet und unterschieden sich damit dezidiert von Fachsymposien, Fachvorträgen unter WissenschaftlerInnen und hochschulinternen Konferenzen. Ohne ambitionierte Ansprüche preiszugeben, sollten wissenschaftliches Forschen und Arbeiten populär und unterhaltsam vermittelt werden. Der offene Zugang zu Bildung und Wissen gehört entscheidend zum Selbstverständnis der Stadt Linz.

Die Themen der Veranstaltungen sollten möglichst breit angelegt sein. Verschiedene Institute der Linzer Universitäten, Hochschulen und Forschungseinrichtungen wurden eingeladen, Beiträge vorzuschlagen: Natur- und Technikwissenschaften, Sozial- und Kulturwissenschaften, Geistes- und Kunstwissenschaften waren ebenso gefragt wie etwa Bereiche aus der medizinischen Forschung der Linzer Krankenhäuser. Für regelmäßige Vorschläge sorgte die Linzer Astronomische Gesellschaft, sodass mindestens einmal im Monat Themen mit direktem Bezug zum Namensgeber des Salons angeboten werden konnten. Darüber hinaus erhielt der KEPLER SALON Themen- und Personenvorschläge von BesucherInnen und unabhängigen PrivatdozentInnen. Eigene Recherchen zu aktuellen Themen und Vortragenden rundeten das Gesamtprogramm ab.

Das vielfältige und abwechslungsreiche Programm von Einzelveranstaltungen wurde durch eine Anzahl von Themenreihen wie *Design*, *Philosophie* und *Wahrheit* ergänzt. Diese erlaubten eine differenziertere Auseinandersetzung mit einzelnen Schwerpunkten und führten zur intensiveren Betrachtung eines Themas.

Um ein möglichst breites Spektrum von Themengebieten und Netzwerken erreichen zu können, wurde ein *Advisory Board*, bestehend aus sechs ExpertInnen diverser Disziplinen, installiert: Peter Becker, Gerald Hanisch, Franz Harnoncourt, Gabriele Kotsis, Claus Pias und Constanze Wimmer waren maßgeblich an der Erstellung der umfangreichen Vorschlagsliste des KEPLER SALON beteiligt. Diese Liste bildete den Grundstock für alle weiteren Aktivitäten und umfasste Ende 2009 mehr als 300 Vorschläge.

Programmschienen

Sechs verschiedene Programmschienen, die sich innerhalb eines Monats abwechselten, unterteilten die Veranstaltungen des KEPLER SALON thematisch.

Körper
Hier begegnete man sowohl den fantastischen Ideen der Science-Fiction-Literatur, konnte Einblicke in neue Entwicklungen der Bereiche Genetik, Bioinformatik und Robotik gewinnen sowie Aspekte des Bodybuildings, von körperlicher Beeinträchtigung und vielem mehr kennenlernen.

Wahrheit
Dieser Themenschwerpunkt warf die Frage auf, ob es eine solche überhaupt gibt und falls ja, nach welchen Maßstäben sie gemessen wird. Irrtum und Zweifel wurden dabei ebenso untersucht wie Machtverhältnisse, Ethik und Politik.

Kunst und Wissenschaft
Eine Programmschiene, die Ähnlichkeiten und Unterschiede, Verknüpfungen und Grenzen innerhalb beider Disziplinen thematisierte. Welche Überschneidungen gibt es und wie beeinflussen sich diese gegenseitig?

Kommunikation
Kommunikation als gemeinschaftliches Handeln, in dem Gedanken, Ideen, Wissen, Erkenntnisse und Erlebnisse (mit-)geteilt werden und neu entstehen. Untersucht wurde die Verwendung von Sprache, Gestik, Mimik, Schrift, Bild und Musik sowie das sozialpolitische Umfeld, innerhalb dessen Kommunikation entsteht und stattfindet.

Wahrnehmung
Dieses Themenfeld befasste sich mit allem Sichtbaren und Unsichtbaren in unserer Umwelt und unserem Denken. Es öffnete uns einen neuen Blick auf die Welt.

Open Space
Der Open Space erlaubte, Themen aufzugreifen, die nicht in den vorhergehenden Schienen enthalten waren.

Unterschiedliche *Veranstaltungsformate* wurden ausprobiert:

- Klassischer kurzer Vortrag im Stil von „Was ist eigentlich ... Mechatronik?"
- Streitgespräch von ExpertInnen zu einem aktuellen Thema der Wissenschaften
- Wissensbörse: Das Publikum befragt ExpertInnen – Öffentliches Experimentieren
- Sonntagvormittags-Talk
- Gelegentlich Veranstaltungen an besonderen Orten (Botanischer Garten, Mikrochirurgisches Ausbildungszentrum, Segelflugplatz und andere)

Zusätzlich zu den öffentlichen Veranstaltungen konnte der KEPLER SALON für Pressegespräche und Empfänge von internationalen Delegationen genutzt werden. Ebenso war es möglich, die Räumlichkeiten für kleinere Symposien oder Konferenzen anzumieten. Wirtschaftspartner des Projektes konnten den KEPLER SALON, gemäß Vereinbarung, auch für eigene Zwecke nutzen: Als Laboratorium kreativen Denkens, als Ort zivilgesellschaftlichen Engagements, als Club für kontroverse Diskussionen, als Begegnungsstätte für Netzwerke verschiedenster Art.

Der *Salon der schlauen Füchse* wurde in Kooperation mit dem IFAU – Institut für Angewandte Umweltbildung – ins Leben gerufen. Dabei handelte es sich um ein wissenschaftliches Vermittlungsprogramm für die Altersgruppen von 7–9 und 9–12 Jahren, welches in Anlehnung an das Programm der KinderUniSteyr mit erfahrenen und erprobten DozentInnen aus Wissenschaft und Praxis durchgeführt wurde. Die Beantwortung der aufgeworfenen Fragen sollte, durch die Vermittlung von WissenschaftlerInnen, KünstlerInnen und ExpertInnen Lust auf mehr machen. Die Themen der Veranstaltungen hätten gleichermaßen im Abendprogramm Platz finden können, einziger Unterschied war die Aufbereitung eines Themas auf einen kindergerechten Wortschatz. Linz09 wurde so zur erlebbaren Drehscheibe für wissens- und forschungshungrige Schlau-Füchse. Nicht Belehrung und erhobener Zeigefinger waren Elemente der Vermittlung von Wissen, sondern Interaktion und

Emotion. Die Veranstaltungen fanden an zwölf Samstagvormittagen im KEPLER SALON statt.

Um der Idee eines Salons Folge zu leisten, führte jeweils eine Gastgeberin beziehungsweise ein Gastgeber durch den Abend. Diese hatten nicht nur die Aufgabe, einen Dialog zu initiieren, sondern sich als Anwältin/Anwalt des Publikums zu verstehen. Darüber hinaus trugen sie für die gastliche Atmosphäre im Salon Sorge. Diese Rolle wurde von einem kleinen, wiedererkennbaren Kreis von Persönlichkeiten übernommen. In der Regel waren sie keine ExpertInnen des jeweiligen Themas, interessierten sich jedoch für den Inhalt und halfen dem Publikum über die erste Schwelle. Unterstützt wurden sie von Volunteers, den Technikern und dem KEPLER SALON-Team, die gemeinsam einen reibungslosen Ablauf der Veranstaltung gewährleisteten.

Der KEPLER SALON zählte nach Ablauf des Kulturhauptstadtjahres zu den erfolgreichsten Projekten von Linz09. In insgesamt 118 Veranstaltungen wurden 8.561 BesucherInnen gezählt. Obwohl nur 78 Sitzplätze zur Verfügung standen, wurden im Laufe des Jahres 26 Abendtermine mit über 100 BesucherInnen registriert. Das Publikum war überaus heterogen, umfasste alle Altersgruppen und ging weit über das traditionelle Kulturpublikum hinaus. Neben etlichen Stammgästen, die unabhängig vom thematischen Angebot teilnahmen (Frage: Was steht denn heute auf dem Programm?), kamen immer wieder auch neue BesucherInnen, überwiegend lokales Publikum, in den KEPLER SALON.

Der Erfolg des KEPLER SALON war eng mit seiner Unabhängigkeit verbunden, er konnte keiner politischen Ausrichtung zugeordnet werden und legte besonderen Wert darauf, alle Bereiche der wissenschaftlichen Forschung einzubinden. Themen, die kontrovers in der Öffentlichkeit diskutiert wurden, fanden in allen Auslegungen hier ihren Platz. Neben bekannten Koryphäen der deutschsprachigen Wissenschaft trafen die Gäste des KEPLER SALON auch auf junge WissenschaftlerInnen, die erst am Anfang ihrer Karriere standen. Mehr als ein Drittel aller Vortragenden stammte aus Linz oder der näheren Umgebung, was zeigte, dass nicht nur Forschung und Entwicklung in Oberösterreich ein großes Potenzial haben, sondern dass auch Linz den Vergleich mit anderen österreichischen oder europäischen Hochschulen nicht zu fürchten braucht. Die Einladung nationaler und internationaler Vortragender schuf darüber hinaus ein interessantes Klima und bereicherte den Wissenschaftsdiskurs. 156 Vortragende aus Österreich, Deutschland, der Schweiz, Großbritannien, Australien und den USA sind dem Ruf von Linz09 gefolgt und haben ein interessantes und vielfältiges Programm geschaffen.

Nach Prüfung der allgemeinen Veranstaltungstermine in Linz wurden der Montag und der Mittwoch als Haupttage festgelegt, da an diesen Tagen kaum andere Veranstaltungen in der Stadt stattfanden. Die Wahl erwies sich als richtig, da durchschnittlich 88 Gäste die Montagsveranstaltungen und 71 Personen die Mittwochstermine besuchten. Eine Veranstaltung dauerte im Schnitt 90 Minuten, begann pünktlich um 19:30 Uhr und endete 1,5 Stunden später.

Seit Beginn der Planungsphase waren alle Überlegungen auf eine Fortführung des KEPLER SALON nach 2009 ausgerichtet. Alle Marketingmaßnahmen zielten darauf ab, auch nach dem Ende der Kulturhauptstadt weiterhin zu funktionieren. Es wurde ein eigenes Netzwerk aufgebaut, dass über einen Newsletter und die KEPLER SALON-Website informiert werden konnte. Die Website hielt alle Veranstaltungsdaten bereit und verfügte über ein umfangreiches Audioarchiv aller stattgefundenen Vorträge.

Nachdem das erste Quartal positive Rückmeldungen und Besucherzahlen erbracht hatte, begann Anfang April 2009 eine intensive Phase von Gesprächen mit möglichen Geldgebern und politischen Verantwortlichen sowie die Suche nach einem Träger, der das Projekt anschließend übernehmen würde. Trotz der positiven Resonanz der BesucherInnen war es schwer, im politischen Umfeld der Stadt Unterstützer zu finden, die eine Fortführung des Projektes anstrebten. Im Juli 2009 wurde in Zusammenarbeit mit den engagierten Linzerinnen Elfie Schulz und Heidemarie Penz ein Freundeskreis initiiert, der den Wunsch nach einer Weiterführung nach außen trug. Dieser Freundeskreis umfasst mittlerweile 475 UnterstützerInnen, darunter zahlreiche prominente BürgerInnen der Stadt Linz und renommierte Vortragende. Derzeit wird geprüft, wie der Freundeskreis in einen Verein – Freunde des KEPLER SALON – umgewandelt werden kann. Die Mitgliedsbeiträge werden einen finanziellen Grundstock darstellen, um das Format weiterhin zu unterstützen.

Die Projektleitung für den KEPLER SALON lag in den Jahren 2008/09 bei Linz09. Das Programm für 2009 wurde in Abstimmung mit den Bedürfnissen der Projekte von Linz09 und den Stakeholdern aus Universitäten, Wissenschaft und Forschung in Linz konzipiert. Seit Herbst 2009 gab es Gespräche mit der forte GmbH, dem Fortbildungszentrum der Elisabethinen Linz, das an der Trägerschaft des KEPLER SALON interessiert war. Anfang Jänner 2010 wurde die Trägerschaft von forte offiziell bekannt gegeben. Finanziell unterstützt wird der Träger von der Stadt Linz, dem Land Oberösterreich sowie von privaten Sponsoren. Das reguläre Programm des KEPLER SALON wird Anfang März 2010 mit zunächst einem fixen Veranstaltungstag pro Woche fortgesetzt.

Die AutorInnen und HerausgeberInnen

Brigitte Aulenbacher ist Soziologin und hat an den Universitäten Bielefeld, Frankfurt a. M., Dortmund, Bochum, Hannover und Göttingen gelehrt und geforscht. Seit 2008 ist sie Professorin für Soziologische Theorie und Sozialanalyse (unter besonderer Berücksichtigung der Gender-Dimension) im Institut für Soziologie der Johannes Kepler Universität Linz. Ihre Arbeitsschwerpunkte sind Gesellschaftstheorie, Methodologie, Geschlechter-, Rationalisierungs-, Arbeits- und Organisationsforschung.

Johann Bacher ist Professor für Soziologie und empirische Sozialforschung an der Johannes Kepler Universität Linz. Seine Arbeitsschwerpunkte sind die Methoden der empirischen Sozialforschung, die Bildungsforschung sowie die Soziologie der Kindheit und des Abweichenden Verhaltens. In den Arbeitsschwerpunkten liegen zahlreiche Publikationen vor. Jüngst erschienen sind „Geschlechterunterschiede in der Bildungswahl" (2008; gemeinsam mit Martina Beham und Norbert Lachmayr), „Umfrageforschung" (2009; gemeinsam mit Martin Weichbold und Christof Wolf) und „Selected Research Papers in Education, Labour Market and Criminology" (2009; gemeinsam mit Jaroslaw Gorniak und Marian Niezgoda).

Lena Berenberg-Goßler, geb. 1992, hat ihre Volksschulzeit (1998-2002) in Leonding verbracht. Seit 2002 besucht sie das Bischöfliche Gymnasium Petrinum, ist also derzeit in der 8. Klasse. Seit 2008 ist sie als Schulsprecherin in der Schülervertretung tätig. Nebenbei engagiert sie sich im Schultheater und in der Schülerzeitung.

Dietmar Becker ist freier Schriftsteller und Maler mit zahlreichen Ausstellungen und Veröffentlichungen und Dozent am Institut für Psychoanalytische Kunsttherapie Hannover sowie Mitarbeiter an der Kreativschule AuE e.V., Hannover; in dieser Kreativschule haben Langzeitpatienten aus der Psychiatrie die Möglichkeit, zu schreiben, zu malen, Musik zu machen und Theater zu spielen.

Regina Becker-Schmidt ist Professorin im Ruhestand. Bis 2002 war sie in Lehre und Forschung am Institut für Soziologie und Sozialpsychologie der Leibniz-Universität

Hannover tätig. Ihre Schwerpunkte sind psychoanalytisch orientierte Subjekttheorie, Sozialpsychologie und Soziologie der Geschlechterverhältnisse.

Johannes Duschl, geb. 1982, Reifeprüfung am BRG Freistadt, ist MA-Student der Informatik an der Johannes Kepler Universität Linz und zugleich als Trainer im Bereich Alphabetisierung wie als Lehrer im Deutschunterricht für Kinder mit migrantischem Hintergrund an der VHS Linz und Oberösterreich tätig.

Christian Fleck, Institut für Soziologie der Universität Graz. 1979 Promotion Graz, 1989 Habilitation Wien, 1993/94 Schumpeter Fellow Harvard University, 1999/2000 Fellow am Center for Scholars and Writers, The New York Public Library, 2008 Visiting Fulbright Professor University of Minnesota. Bücher: „Koralmpartisanen. Über abweichende Karrieren politisch motivierter Widerstandskämpfer" (1986), „Der Fall Brandweiner. Universität im Kalten Krieg" (1987), „Rund um ‚Marienthal'. Von den Anfängen der Soziologie in Österreich bis zu ihrer Vertreibung" (1990), „Die verborgenen Kosten der Arbeitslosigkeit" (1990), „Gefesselt vom Sozialismus. Studien zum Austromarxisten Otto Leichter" (2000), „Transatlantische Bereicherungen. Zur Erfindung empirischer Sozialforschung" (2007).

Ulrich Fuchs, geboren in Neustadt/Waldnaab. Studium der Fächer Germanistik, Politik, Geschichte, Soziologie, Theaterwissenschaften. 1982 Promotion an der FU Berlin. 1984–2005 Lehraufträge an der Universität Bremen, 1993-1996 außerdem an der Universität Mainz, parallel dazu 1984–2003 Dramaturg am Bremer Theater. 2000–2004 Leiter des Studiengangs Musik- und Kulturmanagement an der Hochschule Bremen. Seit 2001 Lehraufträge an der Université d'Avignon. Seit 1998 in verschiedenen Funktionen beim Senator für Kultur in Bremen tätig. 2003–2005 Projektleiter im Team zur Vorbereitung der Bewerbung Bremens zur Kulturhauptstadt Europas 2010. Von 2005 bis Anfang 2010 war er stellvertretender Intendant von Linz 2009 Kulturhauptstadt Europas.

Volker Gadenne ist Professor für Philosophie und Wissenschaftstheorie an der Johannes Kepler Universität Linz. Seine Forschungsschwerpunkte sind die Wissenschaftstheorie der Sozialwissenschaften und die Philosophie des Geistes. Er ist Autor der Bücher „Wirklichkeit, Bewusstsein und Erkenntnis" und „Philosophie der Psychologie".

Sabine Hark, Soziologin, Professorin für Interdisziplinäre Frauen- und Geschlechterforschung an der TU Berlin; letzte Monographie: *Dissidente Partizipation. Eine Diskursgeschichte des Feminismus*. Frankfurt am Main 2005.

Silvia Keller, geb. 1973, ist seit dem Ende der 1990er Jahre für Kunst- und Kulturinstitutionen als Projektmanagerin tätig. Sie leitete mehrfach Projekte des Ars Electronica Festivals, so beispielsweise im Jahr 2002 das internationale Klangnetzwerk „Open Air Radiotopia" oder 2005 die Ausstellung „Hybrid Creatures and Paradox Machines". Von 2002 bis 2004 hatte Silvia Keller die Festivalkoordination des Berliner Medienkunstfestivals transmediale inne. Bei der documenta 12 (2007) war sie als Projektleiterin für zwei der Ausstellungsgebäude zuständig. Vor allem rund um Silvia Kellers Studium der Visuellen Mediengestaltung an der Kunstuniversität Linz entstanden eigene künstlerische Arbeiten, darunter schwerpunktmäßig Videoinstallationen und Kurzfilme. Von 2008 bis 2009 war sie Projektleiterin des Kepler Salon.

Laura Kepplinger, geb. 1984, hat Soziologie an der Johannes Kepler Universität Linz studiert, ist jetzt Doktorandin an der sozialwissenschaftlichen Fakultät und Studentin der Theologie an der Katholisch-Theologischen Privatuniversität Linz. Sie engagiert sich an der österreichischen HochschülerInnenschaft Linz, insbesondere im Referat für Frauen- und Geschlechterpolitik. Schon während der Schulzeit ist sie in die Debatte um Bildung gerutscht und die Frage nach Sinn und Wert von Bildung in einer Gesellschaft beschäftigt sie während ihrer ganzen Studienzeit.

Andrea Tippe, MSc, Linz/Österreich, OE 263 Organisationsberatung. Gruppendynamiktrainerin (ÖAGG), Groupworker (ÖAGG), (Lehr)Supervisorin (ÖAGG, ÖVS), postgraduales Studium Personal- und Organisationsentwicklung im Gesundheitswesen (Donau Universität Krems). Lehrbeauftragte an der Universität Innsbruck/Schloss Hofen zu Personal- und Organisationsentwicklung.

Hartwig Skala, geb. 1990, hat vier Jahre Volksschule in der Bertha von Suttner Schule, vier Jahre im Aloisianum absolviert. Bis 2009 war er Schüler im Bundesrealgymnasium Fadingerstraße. Von 2007 bis 2008 war er stellvertretender Schulsprecher, von 2008 bis 2009 Schulsprecher. Derzeit ist er Auszubildender.

Meinrad Ziegler ist Soziologe und als außerordentlicher Universitätsprofessor an der Johannes Kepler Universität Linz tätig. Seine Arbeitsschwerpunkte liegen in Methodologie und Methoden der qualitativen Sozialforschung, der Biographieforschung und der Soziologischen Theorie.

Hotspot Linz
Gratis surfen ohne Kabel

In den Rat- und Volkshäusern, den Stadtbibliotheken, auf Plätzen oder am Bahnhof - kosten- und drahtloses Surfen ist in Linz an 120 Standorten möglich.
Das Hotspot-Projekt, das die Stadt mit der LIWEST initiiert hat, ist österreichweit einzigartig. Benötigt wird ein Laptop, PDA oder Handy mit WLAN.
www.hotspotlinz.at - die Adresse für Surfvergnügen zum Nulltarif.

Stadt Linz

OE - 263
ORGANISATIONSBERATUNG

EDITH JAKOB LOTHAR JOCHADE JOACHIM NAGELE ANDREA TIPPE

www.oe263.com

Mag.ᵃ Eva Schobesberger
Frauenstadträtin

Bildung ist weiblich

„Mehr Ausbildung bedeutet mehr Chancen, daher mehr Mut und Selbstbewusstsein für Mädchen auf dem Weg nach oben."

Frauenbüro ♀

transblick 1
Sozialwissenschaftliche Reihe

Wo bleibt heute die Zeitung?

„Insgesamt eine spannende Lektüre,
vielleicht für jene Morgen, an denen die Zeitung
nicht vor der Türe liegt." (asyl aktuell)

M. Aberer/P. Korom/
E. Postl/D. Reischl/
M. Revers/B. Schantl

**Wo bleibt heute
die Zeitung?**

Arbeits- und Lebens-
bedingungen von
ZeitungsausträgerInnen

Transblick Band 1
156 Seiten, EUR 14,90
ISBN 978-3-7065-4221-0
StudienVerlag 2006

Eine Sozialreportage über diejenigen, die meist unbemerkt durch die Nacht eilen, um dafür zu sorgen, dass Sie zum Frühstück Ihre Zeitung lesen können.
Geschrieben von einem AutorInnen-Kollektiv von sechs Grazer SoziologInnen, beleuchtet dieses Buch die aktuellen Arbeits- und Lebensbedingungen von ZeitungszustellerInnen. Gezeigt wird, dass atypische Beschäftigungsmodelle die schwächsten Mitglieder der Gesellschaft gegeneinander ausspielen. Unter ihnen gibt es Menschen, die bereit sind, unter extrem schlechten Konditionen zu arbeiten, und das eröffnet Möglichkeiten, Löhne und Sicherheiten stetig nach unten zu schrauben. Hier findet ein Kampf um Arbeitsplätze zwischen von Arbeitslosigkeit bedrohten ÖsterreicherInnen und ImmigrantInnen statt.
Diskutiert werden auch Folgen und Zukunftstendenzen im Zusammenhang mit der fortschreitenden Wirtschaftsliberalisierung und der damit verbundenen Post-Privatisierung, die das österreichische Verteilerwesen zu Beginn des 21. Jahrhunderts entschieden verändert haben.

Mit einem Vorwort von
Christian Fleck

Portofreie Bestellungen bei: www.studienverlag.at

transblick 2
Sozialwissenschaftliche Reihe

Übersetzungen

„Katharina Kaudelka zeigt nicht nur, welchen Problemen chilenische Flüchtlinge in Österreich unterworfen sind, sondern sensibilisiert zugleich für allgemeine Fragen der Migration und Integration." (Südwind Magazin 6/2008)

Katharina Kaudelka

Übersetzungen

Lebenskonstruktionen in der zweiten Generation chilenischer Flüchtlinge

Transblick Band 2
176 Seiten, EUR 19,90
ISBN 978-3-7065-4361-3
StudienVerlag 2007

Im September 1973 zerschlug in Chile eine Militärjunta unter der Führung von Augusto Pinochet die demokratisch gewählte Regierung der Unidad Popular mit Salvador Allende als Präsidenten. Viele ChilenInnen sind damals auf der Flucht vor der brutalen Repression nach Österreich ins Exil gekommen. Das Buch thematisiert, wie sich die Kinder dieser Flüchtlinge, die in Österreich aufgewachsen sind und heute noch hier leben, mit diesem dunklen Kapitel Chiles, mit der von den Eltern erfahrenen Gewalt und deren Vertreibung auseinandersetzen. Auf der Grundlage ausführlicher biografischer Interviews beschreibt die Autorin Herausforderungen und Probleme, die für drei junge Erwachsene damit verbunden sind, wenn sie sich um die Übersetzung der Erfahrungen der Eltern und ihrer Bedeutung in den eigenen Lebenszusammenhang bemühen.
Zwei Dinge werden an den beschriebenen Prozessen des sozialen Erbes deutlich: Einerseits die nachhaltigen Wirkungen von politischer Gewalt und andererseits grundlegende Probleme, vor denen Angehörige der Zweiten Generation von MigrantInnen stehen. Ihre soziale und kulturelle Verortung kann nicht durch die Aneignung einer einfachen und einheitlichen Geschichte gelingen.

Portofreie Bestellungen bei: www.studienverlag.at

transblick 3
Sozialwissenschaftliche Reihe

Heteronormativität und Homosexualitäten

„Es gibt im Leben Augenblicke, da die Frage, ob man anders denken kann, als man denkt, und anders wahrnehmen kann, als man sieht, zum Weiterschauen und Weiterdenken unentbehrlich ist ..." (Michel Foucault)

R. Bartel, I. Horwath,
W. Kannonier-Finster,
M. Mesner, E. Pfefferkorn,
M. Ziegler (Hg.)

**Heteronormativität
und Homosexualitäten**

Transblick Band 3
160 Seiten, EUR 14,90
ISBN 978-3-7065-4529-7
StudienVerlag 2008

„Heteronormativität" ist ein äußerst wirksames soziales Konzept. Es strukturiert die soziale Wirklichkeit auf zwei Ebenen:
Erstens teilt es die Menschen in zwei – vorgeblich – körperlich und sozial eindeutig voneinander unterschiedene Geschlechter und stellt dadurch eine Ordnung im Hinblick auf Geschlechtsidentitäten und sexuelle Orientierungen her. Zugleich werden alle anderen, nicht-heterosexuellen Formen des Lebens und Begehrens ausgegrenzt.
Zweitens wird dadurch Heterosexualität als umfassendes gesellschaftliches Ordnungssystem etabliert, welches das Zusammenleben der Menschen auch jenseits der Sexualität strukturiert. Das Prinzip der Heteronormativität ist in die gesellschaftliche Arbeitsteilung, in die Institution der Familie, in die herrschenden Geschlechterverhältnisse und Geschlechterbeziehungen und in deren Vorstellungswelt eingeschrieben.
Die Beiträge in diesem Band stehen in kritischer Auseinandersetzung mit dem Konzept der Heteronormativität. Sie beschäftigen sich aus unterschiedlichsten Positionen mit vielfältigen Szenen nicht-heterosexueller Lebensformen und diskutieren die befreiende, aber ebenso die einschränkende Wirkung von sexuellen Identitätskonstruktionen und -politiken.

Portofreie Bestellungen bei: www.studienverlag.at

transblick 4
Sozialwissenschaftliche Reihe

Zuwandern_aufsteigen_dazugehören

„Man begreift, dass Integration mit den Eigenschaften und Merkmalen der Zuzügler gar nichts zu tun hat, sondern mit dem Zusammenhalt unter den Einheimischen, die gemeinsam eine Mauer gegen die Neuen errichten ..." (August Gächter)

Simon Burtscher

Zuwandern_aufsteigen _dazugehören

Etablierungsprozesse von Eingewanderten

Transblick Band 4
280 Seiten, EUR 19,90
ISBN 978-3-7065-4632-4
StudienVerlag 2009

Das Buch behandelt eine Kernfrage der Integrationsforschung an einem exemplarischen Fall:
Das österreichische Bundesland Vorarlberg gilt seit Jahrzehnten als Einwanderungsland. Am Beispiel dieses Bundeslandes untersucht die Studie, ob und wie sich Personen mit Migrationshintergrund in der Mehrheitsgesellschaft etablieren.
Die Analyse zeigt, dass Akkulturation, Anpassung und sozialer Aufstieg der Zugewanderten nicht automatisch zu Zugehörigkeit zur Mehrheitsgesellschaft führen.

Der Autor arbeitet mit dem Etablierten-Außenseiter-Modell, das Norbert Elias und John L. Scotson in den 1960er Jahren entwickelt haben. Das Modell ist von allgemeiner Bedeutung, weil sich aus seiner Perspektive der Blick nicht nur auf die Zugewanderten richtet. Berücksichtigt werden auch die Verflechtungen zu den Einheimischen und der Wandel der Machtverhältnisse zwischen Zugewanderten und Einheimischen.
Damit lässt die Arbeit das Denken in der traditionellen Dichotomie zwischen Integration und Assimilation hinter sich und eröffnet eine alternative theoretische Perspektive zu Fragen der Migration.

Portofreie Bestellungen bei: www.studienverlag.at